Hans Hartmut Schmidt

Coaching

Menschen beraten und begleiten

ONCKEN VERLAG WUPPERTAL UND KASSEL

GemeindePocketGuide

Herausgegeben von Michael Noss

© Oncken Verlag Wuppertal und Kassel 2003
Umschlag: Ralf Krauß, Herrenberg
Satz: Factory · B. Lieverkus, Remscheid
Druck: Druckhaus Harms, Groß-Oesingen
ISBN 3-7893-7435-0
Bestell-Nr. 627 435

Inhaltsverzeichnis

 **Vorwort**

Coachen kann jeder! Coachen kann man lernen!

Jeder erfahrene Christ, der psychisch gesund und normal intelligent ist, kann im Rahmen seiner Möglichkeiten andere coachen und sollte auch dazu bereit sein. Im weitesten Sinn praktizieren es viele längst, benutzen dafür nur nicht dieses »neumodische« Wort.

Coaching ist mehr eine Frage der Einstellung als des Know-hows. Die Methoden sind lernbar und immer sehr individuell ausgeprägt.

Was Coachs zuerst lernen müssen, ist, richtig zuzuhören und klärende Fragen zu stellen. Gute Coachs und Berater zeichnen sich durch ihre Fragen und nicht zuerst durch ihre Antworten aus. Ein Coach ist ein Feedbackgeber, kein Besserwisser und Ratschläger! Er ist ein Entwicklungs- und Klärungshelfer.

Ein Coach in der Gemeinde ist ein Christ (oder eine Christin), der (die) mit seinen Gotteserfahrungen und Lebensweisheiten, Fähigkeiten und Kenntnissen nicht so erfahrenen Christen im Glauben und Leben und/oder bei bestimmten Aufgaben weiterhilft und sie über einen längeren Zeitraum begleitet.

Im Glauben und Leben erfahrene Frauen und Männer verfügen über ein unschätzbares, wertvolles, lebenspraktisches Wissen über Gott, die Menschen und die Welt. Meistens werden diese Quellen in den Gemeinden nicht angezapft und aus falscher Bescheidenheit halten sich diese sonst so weisen Frauen und Männer, junge wie ältere, gerne im Hintergrund auf. Sie stellen ihr Licht unter den Scheffel (»Mich fragt ja keiner!«; »Ich will mich nicht aufdrängen!«). Oft erkennen sie auch nicht den hohen Wert des Coachings und nehmen sich nicht die Zeit dafür.

Coaching ist die beste und nachhaltigste Art,

- ➔ **Christen in ihrer Glaubensentwicklung zu fördern und für die Herausforderungen des Lebens zu stärken.**

- ➔ **Christen für verantwortungsvolle Aufgaben in der Gemeinde vorzubereiten, sie zu tragen, sie zu unterstützen, bis sie für diese Aufgabe keine spezielle Begleitung mehr brauchen und sie ihre Erfahrungen an andere weitergeben können.**

In einer Gemeinde, in der Coaching erfolgreich auf breiter Basis praktiziert wird, sind wichtige Voraussetzungen für ein inneres und äußeres Wachstum auf natürliche Weise gegeben.

Zum Schluss noch ein Hinweis bezüglich der Formulierungen: Wenn nicht ausdrücklich anders vermerkt, sind mit der weiblichen oder männlichen Form für Personen immer beide Geschlechter gemeint. Insbesondere trifft dies für die Begriffe »Coach« und »Coachee« zu. Da es für Coach (Kutscher) keine weibliche Form in der deutschen Sprache gibt, sollen die »Herren Coachs« daran erinnert werden: Es gibt in der Gemeinde ebenso gute weibliche Coachs.

Potenzielle weibliche Coachs sollen ermutigt werden, sich im Bereich Coaching verstärkt zu engagieren, öffentlich dazu zu stehen und sich nicht »bescheiden« im Hintergrund zu verstecken.

1. Was ist Coaching?

Coaching – ein uraltes Prinzip

Coaching ist die älteste, natürlichste und effektivste Art, Wissen und Lebenserfahrung weiterzugeben: Immer gibt eine erfahrene Person ihr Wissen an einen weniger erfahrenen Mitmenschen im persönlichen und direkten Austausch interaktiv über einen längeren Zeitraum weiter.

Je nach Fragestellung kann sich diese Form der begleitenden Beratung auf eine bestimmte Aufgabe, ein begrenztes Projekt oder auf die gesamte Lebensgestaltung beziehen.

Häufig wird in diesem Zusammenhang auch der Begriff »Mentoring« verwendet.

Coaching und Mentoring werden als Begriffe in der Fachliteratur und in der Umgangssprache oft für die gleichen Vorgänge gebraucht. Allerdings gibt es hier unterschiedliche Nuancen:

In der Tendenz ist mit dem Begriff »Mentoring« eher ein Abhängigkeitsverhältnis gemeint. Oben ist der Mentor, unten der Mentorand – ein Ratgeber belehrt weniger wissende Mitmenschen und fördert sie in ihrer Entwicklung. Ein Mentor ist eine kompetente Autoritätsperson im besten Sinne.

Coaching geschieht demgegenüber mehr auf einer partnerschaftlichen Ebene. Der Coach ist ein Entwicklungs- und Klärungshelfer, ein helfender Berater, der die Potenziale des Coachees entwickeln hilft und ihn ein Stück seines Lebensweges begleitet. Ein Coach sitzt mit im Boot.

Er ist kein Zuschauer!

Das partnerschaftliche Denken beim Coaching entspricht dem heutigen Lebensgefühl.

Beim Coaching und beim Mentoring geht es immer um ein Beraten, Begleiten, Anleiten, Unterstützen und Tragen, um Wissens- und Know-how-Vermittlung.

Die uralten Prinzipien der Vermittlung von Erfahrungen vom Großvater über den Vater zum Sohn, von der Großmutter über die Mutter zur Tochter, das Lernen im Rahmen einer vertrauensvollen Beziehung stehen heute wieder hoch im Kurs und kommen den Bedürfnissen und dem Wunsch der Menschen nach verlässlichen Beziehungen entgegen.

In vielen Firmen, Kirchen und Gemeinden wird zunehmend erkannt:

Seminare, Kurse, Tagungen, Kongresse und Trainings können wichtige Impulse setzen und zu neuen Erkenntnissen bei den Teilnehmern führen, aber nachhaltige Wirkungen sind sehr begrenzt! Auch in den tollsten Sonderveranstaltungen kann nicht auf die persönlichen Bedürfnisse, die individuellen Befindlichkeiten und Lebens- und Arbeitsbedingungen der Teilnehmer eingegangen werden.

Coaching ist zielgenau und wird auf jeden Teilnehmer passend zugeschnitten.

Im Bereich der Wirtschaft hat man es erkannt: Coaching führt zu mehr Mitmenschlichkeit in den Betrieben. Die Kommunikation wird verbessert und damit auch das Arbeitsklima. Damit steigen die Erfolgschancen des Unternehmens.

Coaching ist im weitesten Sinne auch ein Liebesdienst auf einer vertrauensvollen persönlichen Ebene. Liebloses Coaching ist nicht erfolgreich: Es führt nicht zu positiven und nachhaltigen Veränderungen bei den Coachees; für den Coach ist es nur eine Last und führt zu Frust auf allen Seiten.

Coaching ist ein Mittel, Erkenntnisse vom Kopf auch in den Bauch zu transportieren.

Mentale Veränderungen, innere Reifungsprozesse, die Veränderung von Werten, Einstellungen, Motiven und dem entsprechenden Handeln geschieht nicht zuerst und niemals allein auf der kognitiven  Ebene. Wie viele gute Einsichten, Vorsätze und richtige Erkenntnisse haben wir als Wissen gespeichert! Dies allein reicht offensichtlich nicht aus, um auch unser Wesen und Verhalten entsprechend zu verändern.

»Rauchen gefährdet die Gesundheit! Rauchen führt zu tödlichen Krankheiten!« Das wissen wir alle. Dennoch hat dieser Hinweis auf den Zigarettenpäckchen offenbar keine Wirkung auf das Verhalten der jungen Generation.

- Der Kopf allein reicht also nicht. Es muss tiefer gehen.

- Ein Veränderungsprozess braucht Zeit.

- Die ganze Person muss angesprochen werden. Herz, Bauch, Hände und Füße müssen einbezogen sein.

- Coaching hat immer den ganzen Menschen, seine Bedürfnisse und Wünsche sowie seine Lebensumstände im Blick.

Coaching hat immer auch präventiven Charakter.

Es geht nicht nur darum, Probleme zu lösen, einen Karren aus dem Dreck zu ziehen und wieder flottzumachen. Langfristig wird der Coachee durch den Coachingprozess stärker und belastbarer und er wird neuen Herausforderungen gelassener und professioneller begegnen. Der Coach wird auf diese Weise überflüssig.

> **Erfolgreich ist ein Coach dann, wenn er sich überflüssig gemacht hat.**
>
> Sobald ein Coachee anfängt, seinen Coach zu überholen, hat der Coach seinen Auftrag erfolgreich erfüllt. Das Coachingverhältnis wird feierlich aufgelöst und kann als freundschaftliche Beziehung weitergeführt werden.

Formen des Coachings

Einzel-Coaching

Das Einzel-Coaching beinhaltet eine persönliche, begleitende Beratung über einen längeren Zeitraum. Coach und Coachee treffen sich in regelmäßigen Abständen und sprechen über die vereinbarten Themen und Problemfelder. Das Ziel ist die Stärkung der Persönlichkeit des Coachees und eine Erweiterung seiner Kompetenzen – allgemein und/oder bezogen auf einen bestimmten Aufgabenbereich.

Gruppen- oder Team-Coaching

Gemeinsam mit dem Coach durchleuchtet eine Gruppe ihre Arbeits- und Entscheidungsprozesse. Der Coach bringt sich persönlich mit ein. In Teamsitzungen stellt er klärende Fragen, hilft bei Entscheidungsfindungen. Anders als ein Supervisor ist er für bestimmte Zeit Teil der Gruppe. Hierbei können sich Einzel- und Gruppen-Coaching ergänzen. Ziel ist es, die Arbeitsfähigkeit der Gruppe zu verbessern.

Projekt-Coaching

Beim Projekt-Coaching wird der Coach zum Projektbegleiter. Er hilft bei Konflikten in der Zusammenarbeit von verschiedenen Teams, unterschiedlichen Gremien und einzelnen Mitarbeitern. Er soll Reibungsverluste verhindern, für einen möglichst störungsfreien Informationsfluss sowie für eine offene Kommunikation aller am Projekt Beteiligten sorgen.

Selbst-Coaching

Dabei handelt es sich um selbständiges Lernen ohne persönlichen Coach; lebende und/oder historische Persönlichkeiten dienen als Vorbild. Zur Auseinandersetzung mit sich selbst können entsprechende Fachbücher, Selbsttests, Trainingskurse und Fragebögen herangezogen werden. Durch das Studieren von Lebensbildern, Biografien, Ratgebern, durch Filme, eigene Beobachtungen und Formen der Meditation versucht der Coachee bewusst, sich selbst zu klären und so an Selbsterkenntnis zu gewinnen.

Interner oder externer Coach?

Beim Coaching mit einem internen Coach kommen Berater und Coachee aus demselben Unternehmen. Das ist preisgünstiger und der Coach kennt die Gepflogenheiten und den Arbeitsstil des Hauses. Das kann von Vorteil sein, birgt aber auch manche Gefahren und kann aufgrund von Abhängigkeiten zu Komplikationen führen.

Der externe Coach gehört meistens zu einer selbständigen Unternehmensberatung. Da er zur Verschwiegenheit verpflichtet ist (zumindest sein sollte), fühlt der Coachee sich relativ frei und kann sich »ungehemmt« äußern. Der externe Coach ist nicht betriebsblind. Er erkennt Fehlentwicklungen und kann unabhängig, offen und ehrlich beraten.

Wann setzt ein Unternehmen Coaching ein?

Anlässe für den Einsatz von Coaching in Unternehmen sind **meistens Probleme und Defizite**, die sich nicht per Anordnung und durch Appelle von oben beheben und lösen lassen: Es ist Sand im Getriebe, der die Zusammenarbeit stört und Weiterentwicklungen blockiert.

Es kann aber auch sein, dass neue kreative Ideen ausbleiben. Hier kann Coaching helfen, die individuellen Belastungen einzelner Mitarbeiter abzubauen und neue Kräfte zu mobilisieren.

Außerdem kann das Coaching auch präventiv eingesetzt werden: In nicht wenigen Firmen wird den Mitarbeitern bei Neueinstellungen oder bei der Übernahme neuer Aufgaben ein Coaching angeboten.

Einen Coach zu haben ist in vielen Firmen nicht mehr ein Zeichen von Schwäche, sondern eher von Stärke und Wichtigkeit. Einen Coach zu haben wird zum Statussymbol.

2. Coaching unter Christen im Rahmen der Gemeinde

Wohl dem, der einen guten Coach hat!

Ein erfahrener, engagierter Mitchrist schenkt mir monatlich oder sogar öfter für ca. zwei Stunden seine volle Aufmerksamkeit. Betend hört er mir zu, stellt klärende Fragen, intensiv sucht er mit mir den Willen Gottes für mein Leben zu erkennen. Wir beraten über meine nächsten Schritte und stecken konkrete Ziele ab. Wir arbeiten an meiner Glaubensbeziehung zu Jesus, an meiner Persönlichkeit, an den Beziehungen zu meinen Mitmenschen. Und dies nicht nur, wenn es brennt, sondern über einen längeren Zeitraum hinweg. Er hilft mir nicht nur mit Worten, sondern gegebenenfalls auch durch andere Hilfestellungen, z. B. durch die Vermittlung von Kontakten, die Beschaffung von Informationen usw.

Coach und Coachee sind Partner. Sie folgen einem gemeinsamen Herrn. Sie haben ein gemeinsames großes Ziel. Sie glauben an einen lebendigen Gott, der bei den Coachinggesprächen durch seinen Geist aktiv mit dabei ist und die Kommunikation zwischen beiden optimiert.

Beim Coaching geht es immer zuerst um die Person des Coachees. Mit seinem Wissen und seinen Erfahrungen dient der Coach dem Coachee, er ermutigt und stärkt ihn im Glauben und fördert seine Fähigkeiten für den Bau der Gemeinde.

Ein rein fachliches, sachbezogenes Coaching gibt es im Rahmen der Gemeinde in der Regel nicht. Ob es eher um Sach- oder um Beziehungsfragen geht: **Die Liebe zu Gott, zu den Menschen und zur Gemeinde ist immer der Dreh- und Angelpunkt im Coachingprozess.**

Coaching ist keine Langzeittherapie!

Der Coach ist kein Arzt oder Therapeut und der Coachee ist kein Patient.

Ein Berater im Rahmen des Coachings wird sich auch nicht medizinische und psychiatrische Kompetenzen anmaßen, sondern er wird dem Coachee bei Verdacht auf krankhafte Entwicklungen zu einer Behandlung durch entsprechende Fachleute raten.

Coaching kann bestenfalls prophylaktisch wirken, z.B. wenn dadurch verhindert wird, dass sich krankhafte Prozesse entwickeln, oder wenn diese schon im Anfangsstadium gestoppt werden können. So kann unter Umständen eine ärztliche oder psychotherapeutische Behandlung unnötig werden.

Coaching in der Gemeinde ist auch keine Lebensberatung mit dem Ziel der Steigerung des Vergnügens im Leben, der Erhöhung des Spaßfaktors oder der Minderung des Leidensdrucks. Das wäre zu kurz gedacht und nicht von langfristigem Segen für den Coachee. **Wirkliche Lebensfreude und tiefen Frieden stiftendes Coaching zielt immer auf geistliches Wachstum und auf die Entfaltung der Persönlichkeit des Coachees in die Richtung, die auch Gott für ihn vorgesehen hat.**

Geistliches Wachstum geschieht zuallererst dadurch, dass ein Mensch ein Stückchen mehr von der Größe und Gnade Gottes wahrnimmt und sich tiefer darüber freuen kann, trotz seiner menschlichen Beschränkungen und Fehler von Gott angenommen zu sein und in der Gemeinde mitarbeiten und Verantwortung übernehmen zu dürfen.

Gemeinde ist ein sich ständig verändernder Organismus, eine lernende Organisation. Coaching passt genau in dieses Bild von Gemeinde als lebendiger Leib.

Coaching unterstützt lebenslanges Lernen; es ist nicht auf ein bestimmtes Lebensalter beschränkt.

Eine **Vielzahl positiver Entwicklungen** kann durch Coaching in der Gemeinde gezielt gefördert werden.

Es lassen sich grob drei Richtungen unterscheiden:

1. die ganzheitliche begleitende Seelsorge und Lebensberatung – Einzelcoaching;

2. das Weitergeben von Know-how, Stärkung und Ermutigung in bestimmten Problemfeldern sowie im Zusammenhang mit Ämtern und Leitungsaufgaben – Einzelcoaching;

3. die Weiterentwicklung und das Training sozialer Fähigkeiten – Gruppencoaching.

Welche Prozesse können in der Gemeinde durch Coaching gefördert werden?

1. Die ganzheitliche begleitende Seelsorge – Einzelcoaching

Die **Ziele** sind:

- Stärken und Schwächen des geistlichen Lebens herauszufinden

- Blockaden, Störungen, Schwachstellen zu orten und zu beseitigen

- Beziehungen zu klären

- das Lebensskript zu erkennen sowie Perspektiven und Visionen zu entwickeln

- persönliche Gaben und Fähigkeiten zu entdecken und zu fördern
- Lebensfreude und Einsatzkraft zu steigern
- gewohnte Denkweisen und Wertvorstellungen zu überprüfen und neue Wege zu wagen
- die Persönlichkeit zu stärken
- das Wertebewusstsein zu steigern
- mehr im Einklang mit dem Willen Gottes zu leben
- zu überprüfen, inwieweit Denken, Handeln, Glauben und Leben übereinstimmen
- zu lernen, authentisch zu sein
- Eigenverantwortung für geistliches Wachstum wahrzunehmen
- die Frage nach dem Sinn des persönlichen Lebens zu klären.

2. Das Weitergeben von Know-how, Stärkung und Ermutigung in bestimmten Problemfeldern sowie im Zusammenhang mit Ämtern und Leitungsaufgaben – Einzelcoaching

Die **Ziele** sind:

- Fähigkeiten zu entdecken, zu fördern und zu trainieren
- das Know-how für bestimmte Aufgaben und Dienste zu vermitteln
- auf neue Herausforderungen vorzubereiten
- zu ermutigen und zu befähigen, Verantwortung zu übernehmen
- Führungskompetenz zu vermitteln
- Stress zu bewältigen und Spannungen auszuhalten

- Kritik zu üben, auszuhalten und konstruktiv zu verarbeiten
- Feedback zu geben
- Konflikte zu bearbeiten
- Krisen zu bewältigen.

3. Die Weiterentwicklung und das Training sozialer Fähigkeiten – Gruppencoaching

Die **Ziele** sind:

- die Kommunikation zu fördern
- Gespräche zu leiten
- Kontakte zu pflegen
- die Fähigkeit zu vermitteln, Konflikte konstruktiv zu bearbeiten
- im Gruppenprozess Kritik und Spannungen ertragen zu können
- Wissen situationsgerecht zu vermitteln
- Veränderungsprozesse in der Gemeinde zu gestalten.

3. Coaching in der Bibel

Coaching ist ein uraltes Lebensprinzip. Entsprechend finden sich auch viele Beispiele dafür in der Bibel. Im weitesten Sinne geschieht Coaching immer dort, wo zwischen einem Lehrenden und einem Lernenden eine persönliche und vertrauensvolle Beziehung wächst, ähnlich wie bei Vater und Sohn.

Einige Beispiele aus dem Alten Testament:

Jitro und Mose
Von seinem Schwiegervater Jitro lernt Mose das Prinzip des Delegierens (2. Mose 18).

Mose und Josua
Durch Mose wird Josua auf seine Aufgaben als Führer des Volkes vorbereitet: »Aber Josua, der Sohn Nuns, der dein Diener ist, der soll hineinkommen. Dem stärke den Mut; denn er soll Israel das Erbe austeilen« (5. Mose 1,38).

Samuel und Saul
Diese ist eine dramatische, tragische und letztlich gescheiterte Coachingbeziehung. Immer wieder nimmt Samuel auf Saul Einfluss und sucht das Gespräch. Selbst als es für Samuel lebensgefährlich wird, fordert er den König zur Umkehr zu Gott auf. Noch nach dem Tod Samuels nimmt der König in einer Totenbeschwörung Kontakt zu dem Propheten auf (1. Samuel 9-15).

Elia und Elisa
Entsprechend den Weisungen Gottes wählt Elia Elisa als seinen Nachfolger und weist ihn in das Prophetenamt ein. Zwischen beiden wächst eine intensive Beziehung: Elisa nennt Elia seinen Vater (2. Könige 1,12).

Und nun noch einige Beispiele aus dem Neuen Testament:

Jesus und seine Jünger
Die Art, wie Jesus seine Jünger behandelt, berät, leitet

und lehrt, kann man als einen idealen Coachingprozess bezeichnen. Dagegen ist die **Beziehung** zwischen Jesus und seinen Jüngern nicht vergleichbar mit der eines Coachs zu seinem Coachee: Auch der Mensch Jesus ist für die Jünger immer der Herr, der Christus Gottes (Lukas 9,20). Die Jünger sind völlig von Jesus abhängig. Ohne ihn und seinen Auftrag können sie nichts in seinem Sinne tun.

➔ Josef (Barnabas) und Paulus

Eine **modellhafte Coachingbeziehung**, die in der Apostelgeschichte ausführlich beschrieben wird, ist die zwischen Josef (Barnabas) und Paulus:

Die Apostel in Jerusalem erkennen in Josef aus Zypern Coachingqualitäten und nennen ihn »Barnabas«, d.h. »Sohn des Trostes« oder »der Mann, der anderen Mut macht« (Apostelgeschichte 4,36). In Apostelgeschichte 11,24 wird Barnabas als ein bewährter Mann voll Heiligen Geistes und Glaubens beschrieben. Er ist es, der lange vor den Aposteln in Paulus dessen wertvolle Begabungen entdeckt (Apostelgeschichte 9,37). Barnabas gewinnt Paulus als seinen Coachee (Apostelgeschichte 11,25-26) und bleibt mit ihm über ein Jahr in Antiochia, wo er mit ihm Gemeindeaufbauarbeit betreibt. Von dort brechen sie zur ersten Missionsreise auf.

In den Texten, die von Erlebnissen auf der Reise berichten, wird immer zuerst Barnabas und dann Paulus genannt. Nach der Rückkehr wechselt die Reihenfolge: Erst kommt Paulus, dann Barnabas. Das Coaching ist erfolgreich abgeschlossen, der Coachee Paulus ist aus dem Schatten seines Coachs herausgetreten. Sehr deutlich wird dies bei einem heftigen Meinungsstreit über eine Personalfrage zu Beginn der zweiten Missionsreise: »Sie kamen scharf aneinander, so dass sie sich trennten« (Apostelgeschichte 15,39). Paulus übernimmt jetzt selbst Coachingaufgaben.

⟞ Paulus und Timotheus

Paulus wählt Timotheus als Begleiter für die zweite Missionsreise (Apostelgeschichte 16,2-3). In 1. Timotheus 1,2 nennt Paulus ihn seinen »rechtschaffenen Sohn im Glauben«.

Nach einer längeren Zeit des Einzelcoachings arbeitet Timotheus selbständig. Die Coachingbeziehung ist aber durch die räumliche Trennung nicht beendet: Paulus coacht seinen »Sohn« durch Briefe und vereinbart mit ihm einige Treffen (z.B. in Korinth: Apostelgeschichte 18,5; Hebräer 13,23; 2. Timotheus 4,9).

⟞ Paulus und Titus

Eine ähnliche Beziehung wie zu Timotheus hat Paulus auch zu Titus. Im Titusbrief bezeichnet Paulus auch Titus als seinen »rechtschaffenen Sohn nach unser beider Glauben« (Titus 1,4).

Titus begleitet Paulus auf Reisen (Galater 2,1); ihm vertraut Paulus Briefe an die Korinther an; gemeinsam missionieren sie auf Kreta.

Später übergibt Paulus die Leitung der Gemeinden auf Kreta an Titus. Dorthin schickt er auch den Titusbrief mit Warnungen und Weisungen für die Gemeindeleitung.

4. Die Persönlichkeit des Coachs

Kennzeichen eines Coachs in der Gemeinde

- Coachs sind Schätzesammler und Händler. Sie stellen ihre Schätze zur Verfügung.
- Sie helfen anderen, ihre Schätze zu heben und damit zu wuchern.
- Coachs in der Gemeinde sind vom Geist Gottes und seiner Weisheit erfüllte Männer und Frauen.
- Ihre Lebensgrundlage und Triebfeder ist die Liebe zu Jesus, zu ihren Mitmenschen und zur Gemeinde.

Coachs in der Gemeinde sind Barnabas-Typen mit bestimmten Eigenschaften, Fähigkeiten und Einstellungen:

- Sie haben geistliche und menschliche Autorität.
- Unabhängig von Amt, Titel und Stellung werden sie als Persönlichkeit anerkannt.
- Sie werden um Rat gefragt.

Und das sind **Kennzeichen eines Coachs** in der Gemeinde:

Demut

- Er sieht sich als nur von Gott abhängig und ist frei vom Streben nach menschlicher Anerkennung, Ehre, Macht, Einfluss und von Profilierungssucht.
- Er hat ein starkes, auf Christus bezogenes Selbstwertgefühl.
- Er ist frei von dem Bedürfnis, andere herabzusetzen oder sich ihnen überlegen fühlen zu müssen.
- Er bindet Menschen nicht an sich.
- Er muss nicht immer Recht haben.

Selbsterkenntnis

- Er kennt die eigenen Stärken, Schwächen, Empfindlichkeiten und Neigungen.

- Er überprüft sein eigenes Verhalten, sein Glaubensleben, seinen Lebensstil und seine Art der Wahrnehmung (s. Schmidt, Gruppenleitung, S. 21-29).

Konfliktfähigkeit

- Er bleibt auch bei Meinungsunterschieden und Konflikten mit dem anderen im Gespräch.

- Er hält Konflikte aus und arbeitet konstruktiv an Lösungen.

Vorbild

- Er ist bereit, als Vorbild zu dienen.

- Sein Glaube und der Umgang mit sich selbst und den Mitmenschen stimmen mit den biblischen Wertvorstellungen überein.

- Er hat einen konsequenten Lebensstil.

Vertrauen

- Er bringt dem Coachee Vertrauen und Wohlwollen entgegen.

- Er geht von dessen Stärken aus und hat keine Vorurteile, sondern einen positiven Ansatz.

Lernbereitschaft

- Er ist offen und interessiert an neuen Erkenntnissen und Erfahrungen.

- Er wagt neue Wege, ist kreativ und experimentierfreudig.

- Er ist bereit zu lebenslangem Lernen.

Ausgeglichenheit

- Verstand und Gefühl stehen in einem ausgeglichenen Verhältnis zueinander: Kopf und Bauch arbeiten zusammen.

- Er hat keine starken und häufigen Stimmungsschwankungen; er ist nicht abhängig von Launen.

Geduld, Langmut

- Er erkennt, dass Veränderungs- und Lernprozesse Zeit brauchen.

- Er kann im Gespräch auch schweigen und gut zuhören.

Freude am Leben und am Weitergeben von Lebenserfahrung und Erkenntnis

- Er gibt den Segen, den er selbst empfangen hat, gerne weiter.

Liebe zum Coachee

- Er ist bereit, dem Coachee zu dienen, sich in sein Leben hineinzudenken und hineinzufühlen, sich Zeit für ihn zu nehmen und für ihn zu beten.

Verantwortungsbereitschaft

- Die Coachinggespräche sind für den Coachee Grundlage für wichtige Entscheidungen und Entwicklungsprozesse.

- Der Coachee ist nicht abhängig von seinem Coach, dennoch hat der Berater einen starken Einfluss. Damit trägt er auch eine große Verantwortung für den Coachee. Es bleibt nicht ohne Folgen, was er sagt oder nicht sagt.

Gesunder Menschenverstand

- Er bleibt auf dem Boden der Realität und hebt nicht in Traumwelten ab. Er baut keine Luftschlösser.

Menschenkenntnis

- Er kann Verhaltensweisen, Bedürfnisse, Gefühle, Eigenschaften, Absichten und Motive von Menschen erkennen, einordnen und gewichten.

Weitblick

- Er kann Entwicklungen im Anfangsstadium erkennen und Weiterentwicklungen vorhersehen.

- Er ist in der Lage, Visionen und Perspektiven aufzubauen und zu formulieren.

Soziale Kompetenz

- Er kann Kommunikation fördern, Beziehungen aufbauen, pflegen und vertiefen.

- Er hört aktiv zu.

- Der Coach ist stark an den Äußerungen des Coachees interessiert und bringt dies auch zum Ausdruck (s. Schmidt Gruppenleitung, S. 40-43).

- Er lässt Gefühle zu und drückt diese aus.

- Er kann Gespräche leiten, strukturieren und bündeln.
- Er kann Menschen annehmen, trösten und fördern.
- Er kann die Wahrheit in Liebe sagen, ermahnen und Kritik üben.
- Er gibt konstruktives Feedback und nimmt dies auch entgegen (s. Schmidt, Gruppenleitung, S. 40-43).
- Er setzt Veränderungsprozesse in Gang, begleitet und unterstützt sie und wertet sie aus.
- Er erkennt Zusammenhänge und durchschaut Entscheidungsprozesse in Organisationen.
- Er entwickelt Konzepte.

> *»So bin ich nicht! Ich bin doch kein Supermann, keine Superfrau!*
>
> *Coaching ist eine Nummer zu groß für mich!*
>
> *Das trau ich mir nicht zu!«*

Mit solch einer Selbsteinschätzung setzt man sich selber Grenzen.

Wer weiß, welche Potenziale Gott in einem verborgen hat und noch wecken wird?!

Kinder zu erziehen trauen sich sehr viele Menschen zu. Und das ohne Führerschein und Extra-Ausbildung! Dabei ist die Aufgabe, Kinder richtig zu erziehen, bestimmt nicht einfacher als gut zu coachen!

Beides lernt man dadurch, dass man Erfahrungen sammelt.

Es gibt keine perfekten Coachs. Auch noch so erfahrene Coachs sind nicht vollkommen und leben von der Vergebung und Gnade Gottes. Sie bitten um Weisheit und sind auf die Leitung durch den Heiligen Geist angewiesen.

> **Ein guter Fußballtrainer muss nicht selbst in der National-mannschaft gespielt haben.**
>
> **Ebenso gilt: Nicht jeder Nationalspieler wird automatisch auch ein guter Trainer.**
>
> Supermänner oder -frauen, Amts- und Würdenträger oder besonders angesehene Glieder in der Gemeinde sind nicht automatisch dafür prädestiniert, auch gute Coachs zu sein.

Wie werde ich ein guter Coach?

Als Antwort eine Gegenfrage: Wo und wie hat ein guter Coach seine Qualifikation erworben?

- durch Coachen und durch das Sammeln praktischer Erfahrungen
- durch Gebet um Weisheit und den Geist Gottes
- durch das Feedback anderer
- durch Selbstklärung und Auswertung der persönlichen Lebenserfahrungen
- durch ständige Lernbereitschaft
- durch den Austausch mit anderen Beratern
- durch Fortbildung, Training und Literatur.

5. Die Beziehung Coach – Coachee

Die Intensität der Beziehung zwischen Coach und Coachee, die Art und Weise, wie sie einander zuhören, sich gegenseitig erleben, wie sie miteinander umgehen, ist von entscheidender Bedeutung für die Weiterentwicklung des Coachees.

> **Coaching funktioniert nur im Rahmen einer vertrauensvollen, offenen und ehrlichen Beziehung.**

Wenn der Coachee in den Gesprächen die Erfahrung macht, aufrichtig geachtet und ernst genommen zu werden, führt das zu einer Stärkung seiner Selbstachtung und ermutigt ihn, Neues zu wagen.

Wichtig ist: **Die Chemie muss stimmen** bzw. sich positiv entwickelt. Gibt es zu viele Störungen und Widerstände in der Kommunikation zwischen beiden, ist der Erfolg des Coachings gefährdet: Es wird zum Krampf. Nur wenn das Vertrauen zueinander wächst, gewinnen die Gespräche an Tiefgang und Bedeutung für den Coachee.

Für die Beziehung kann es von Vorteil sein, wenn Coach und Coachee gemeinsame Unternehmungen wie z.B. eine Wanderung durchführen. Auch Erfolge können bewusst zur Kenntnis genommen und gefeiert werden, z.B. indem man gemeinsam Essen geht.

> **Coach und Coachee kommunizieren ganzheitlich miteinander.**
>
> - Sie hören mit »vier Ohren« und senden »vierseitig« ihre Nachrichten.
> - Sie verzichten möglichst auf verdeckte Botschaften.
> - Sie sprechen ihre Erwartungen klar und deutlich aus.
> - Sie vergewissern sich, ob der andere sie auch richtig verstanden hat.
> - Sie bevorzugen Ich-Botschaften.

Die Beziehung Coach – Coachee in der Gemeinde ist ein gleich-berechtigtes, partnerschaftliches Verhältnis. Beide sind Mitarbeiter im Reich Gottes. Sie beten zusammen und füreinander. Sie sind auf dem Weg zum selben Ziel.

Zum Selbstverständnis des Coachs

Der Coach empfindet sich nicht als Vater oder Mutter, der oder die meint, möglichst alle Bedürfnisse und Wünsche des Kindes befriedigen und alle Schwierigkeiten beiseite räumen zu müssen.

Der Coach arbeitet mit dem Coachee konstruktiv an Schwierigkeiten. Ihm ist dabei immer bewusst: Er kann, darf und will auch nicht die Probleme des Coachees lösen.

Der Coach bietet »nur« Hilfe zur Selbsthilfe.

- Der Coach ist kein Vorgesetzter. Er hat kein Weisungsrecht gegenüber dem Coachee.
- Er übt keinen moralischen Druck aus.
- Er verfolgt mit dem Coachee keine geheimen Pläne.

- Er versucht nicht, den Coachee zu manipulieren.

- Er verzichtet auf diplomatisches Taktieren.

- Er achtet auf die Transparenz der Beziehung.

- Er bringt dem Coachee eine hohe positive Wertschätzung entgegen. Dies bringt er durch Worte, Gesten und Taten zum Ausdruck.

- Er bemüht sich um einfühlendes Verständnis für die Person und die Lebenswelt des Coachees. Er will eher verstehen als urteilen.

- Der Coach zeigt sich verletzlich. Er weist nicht nur auf seine Erfolge hin, sondern berichtet auch von seinen Niederlagen und Schwächen.

- Er zeigt Gefühle. Das hilft dem Coachee, sich zu öffnen, ebenfalls seine Gefühle preiszugeben und daran zu arbeiten.

- Der Coach erahnt und spürt Gedanken und Gefühle auf, die dem Coachee eventuell nicht klar sind, die er vielleicht nicht zuzulassen oder auszusprechen wagt oder die er unter Umständen nicht in Worte fassen kann. Gewinnt der Coach den Eindruck, diese verdeckten Dinge könnten für die Weiterentwicklung des Coachees sehr wichtig sein, hakt er liebevoll nach.

- Er betätigt sich als einfühlsamer Klärungshelfer.

Wie der Coach in den Wald hineinruft, so schallt es heraus.

In der Gesprächsführung ist der Coach automatisch Vorbild. Verhält er sich z.B. sachlich distanziert, wird es der Coachee ähnlich tun. Durch sein Vorbild zeigt der Coach dem Coachee, wie eine gute Kommunikation zustande kommt.

Unterläuft dem Coach einmal ein Fehler, hört er z.B. nicht konzentriert zu oder wird ungeduldig, so entschuldigt er sich.

Fragen zur Selbstklärung für den Coach

- ➲ Inwieweit lasse ich mich wirklich auf den Coachee ein?

- ➲ Wie oft bete ich für meinen Coachee und beschäftige mich gedanklich mit ihm?

- ➲ Inwieweit öffne ich mich dem Coachee und zeige mich verletzlich? Stehe ich zu meinen Stärken und Schwächen, zu meinen Siegen und Niederlagen?

- ➲ Inwieweit fühle ich mich als Vater, der den armen Coachee retten und vor Bösem bewahren will?

- ➲ Wie viel Vertrauen hat der Coachee zu mir? Ist er offen und ehrlich?

- ➲ Inwieweit gewinnen die Gespräche an Tiefgang? Werden auch heikle und kritische Themen angesprochen?

- ➲ Inwieweit will ich den Coachee nach meinen Vorstellungen formen?

- ➲ Fühle ich mich gekränkt, wenn der Coachee meinem Rat nicht folgt, mir widerspricht oder mehr Erfolg hat als ich?

- ➲ Wie sind die Redeanteile verteilt?

- ➲ Wie oft halte ich Vorträge über meine Lebensweisheiten und erteile wertvolle Ratschläge?

Coachs sind Gewinner

Coachs erleben ihr Coaching meistens als eine sehr sinnvolle Aufgabe und es macht ihnen Freude. Jedenfalls ist es immer spannend und immer eine neue Herausforderung.

Coachs lernen dazu; durch die persönliche Beziehung zu den Coachees und den intensiven Austausch bleiben sie im Geiste jung und beweglich. Sie werden angeregt, über sich selbst zu reflektieren und sich mit neuen Erkenntnissen und Ansichten ernsthaft auseinander zu setzen. Sie erfahren, wie jüngere Menschen denken und fühlen und bekommen von ihnen ein persönliches Feedback. Sie erhalten Infos über andere Lebensbereiche und Gruppen in der Gemeinde.

Sie stärken ihren Glaubensmut, ihre Beraterkompetenz, ihre Empathie und ihre emotionale Intelligenz durch das aktive Zuhören und das Sich-Einlassen auf den Coachee.

Sie können eine echte, vertrauensvolle, persönliche Beziehung, manchmal sogar eine Freundschaft weit über die Zeit des Coachings hinaus, gewinnen.

Es erfüllt Coachs mit tiefer Freude und Dankbarkeit, persönliche mit Gott und Menschen gemachte Erfahrungen und daraus erwachsene Einsichten an Coachees weiterzugeben und für sie zum Segen zu werden.

6. Coaching gestalten

Die drei Phasen des Coachingprozesses:

Phase 1: Einstieg Beziehung aufbauen, Vertrauen gewinnen Vereinbarungen treffen, Ziele und Themen festlegen

Phase 2: Arbeit Themen beraten, Beziehung pflegen und vertiefen, Lernprozesse initiieren, experimentieren, Erfahrungen sammeln

Phase 3: Ausstieg Beratung abschließen, Beziehung lockern

Der Coachingprozess: Verlauf

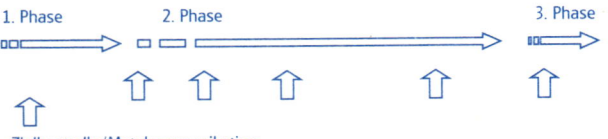

Zielkontrolle/Metakommunikation

Phase 1 im Coachingprozess: Einstieg

Kontaktaufnahme

Meistens geschieht das so: Ein zukünftiger Coachee hat das Bedürfnis nach einer Beratung und sucht sich einen Coach. Er spricht eine Person aus der Gemeinde daraufhin an, die er aus bestimmten Gründen anziehend findet und die seiner Auffassung nach seine Erwartungen erfüllen kann.

Seltener verläuft es so: Ein Coach erkennt in einem jungen Mann oder einer jungen Frau in der Gemeinde ein großes Potenzial und will ihn oder sie gerne fördern. Der Coach bietet seine Dienste an. Ist Coaching in der Gemeinde normal, wird der potenzielle Coachee sich darüber freuen und das Angebot betend prüfen.

Ist der Kontakt zwischen Coach und Coachee gelungen, vereinbaren sie einen Termin für das Erstgespräch:

- Der Coach sorgt für eine möglichst offene, angenehme Atmosphäre.
- Nach einem kurzen Kennenlernen erklärt der Coachee sein Anliegen.
- Der Coach beschreibt den üblichen Ablauf seiner Art von Coachingarbeit.
- Ist schon genügend Offenheit und Vertrauen zwischen beiden vorhanden, beten sie um Klarheit und Führung durch den Heiligen Geist, ob sie eine Coachingbeziehung beginnen sollen und wie sie den Coachingprozess am besten gestalten können.

Rahmenbedingungen festlegen

Entscheiden sich beide für den Aufbau einer Coachingbeziehung, werden in den nächsten Gesprächen die Rahmenbedingungen verhandelt und festgelegt:

- Anlass
- Erwartungen
- Ziele
- Vereinbarung

Mögliche Anlässe für ein Einzelcoaching:

Konflikte, neue Herausforderungen, individuelle Belastungen:

- Stress in Beruf, Ehe und Familie, Gemeinde
- Burnout
- Probleme mit dem Zeitmanagement
- Neuorientierung, Entscheidungsfindung
- ...

Der Wunsch nach persönlicher Weiterentwicklung der eigenen Fähigkeiten:

- Wachstum im Glauben, seelsorgerliche Begleitung
- Erkennen der persönlichen Bedürfnisse
- Zielfindung für das persönliche Leben
- Überprüfung und Veränderung des persönlichen Verhaltens, Stärkung der Persönlichkeit
- der Wunsch, authentisch zu werden und/oder den Erwartungen von außen sowie den eigenen Bedürfnissen, Wünschen und Wertvorstellungen gerecht zu werden
- der Wunsch nach einem kompetenten Feedback
- ...

Vorschlag der Gemeindeleitung zur Unterstützung und Begleitung bei der Übernahme einer neuen Aufgabe:

Schlägt die Gemeindeleitung das Coaching vor, muss gleich zu Beginn darüber gesprochen werden, wie der Coachee zu dem Angebot bzw. der Aufforderung der Gemeindeleitung steht:

- Nimmt er das Angebot positiv auf und fühlt sich bestärkt?
- Empfindet er sich mehr als Versager und ärgert sich über den Vorschlag, weil er vermutet, die Leitung traue ihm eine erfolgreiche Bewältigung der neuen Aufgaben alleine nicht zu?

> **Nur wenn der Coachee wirklich bereit ist, sich auf das Coaching einzulassen, macht es Sinn, mit der Arbeit zu starten.**

Erwartungen:

Die Anlässe für den Wunsch nach einem Coaching sind nun dem Berater und dem Coachee bekannt. Jetzt wird über die gegenseitigen Erwartungen und über die Fragen rund um den Coachingverlauf gesprochen:

Allgemeine Fragen

- Was sind meine Erfahrungen mit Coaching?
- Was erwarte ich von diesem Coaching?
- Was sind meine Erwartungen, Wünsche, Forderungen an den Coach/Coachee?
- Warum gerade er? Was gefällt mir besonders an ihm?
- Was soll am Ende des Coachingprozesses herauskommen?
- Habe ich Befürchtungen oder Ängste in Bezug auf das Coaching?
- Was darf auf keinen Fall passieren?

Fragen zum Ablauf

- Zeitaufwand (z.B. 90-120 Minuten pro Termin)?
- Häufigkeit der Treffen (z.B. monatlich; Anzahl offen lassen oder begrenzen auf z.B. zehn Treffen)?
- Ort (z.B. privat oder im Gemeindehaus)?
- Kontakte zwischendurch?
- Telefonische Beratungen, E-Mail-Kontakt, außerplanmäßige Treffen?

Fragen zur Beziehung

- Wem gegenüber soll Verschwiegenheit und Vertraulichkeit gewahrt werden? Was darf der Coach der Gemeindeleitung weitergeben (z.B. nur das, was der Coachee ausdrücklich freigibt)?
- Über alles Persönliche, sei es vom Coach oder Coachee, wird nicht mit Dritten gesprochen.
- Wie ist das Rollenverständnis von Coach und Coachee? Verstehen sie sich als Partner, Lehrer – Schüler, Eltern – Kind?

Fragen zu Distanz und Nähe

- Was sucht/braucht der Coachee (viel Nähe, Freundschaft, Vater- bzw. Mutterersatz, einen wohlwollenden Ratgeber, Lehrer, sachlichen Spezialisten für seine Probleme ...)?

- Legt der Coach Wert auf Distanz? Will er sich gefühlsmäßig nicht stark einbringen?

- Besteht beim Coach die Neigung, den Coachee als Kindersatz an sich zu binden?

- Stimmt die Chemie? Wie ist die Beziehung zu verbessern, zu vertiefen?

Fragen zur Übereinstimmung in den Grundwerten

- Wie ist das Verhältnis zu Jesus? Welches Bibel- und Glaubensverständnis hat der Coach bzw. der Coachee (z.B. Bibel als Wort Gottes, Glaubensbasis der evangelischen Allianz, Zugehörigkeit zur selben Gemeinde ...)?

Was tun bei Konflikten und unerfüllten Erwartungen?

- Coach und Coachee sollten sich über Rituale verständigen, Zielkontrollen durchführen, Unstimmigkeiten offen legen und darüber reden! Keine Masken! Keine Heuchelei! Auf keinen Fall sollte die Beziehung einseitig abgebrochen werden! Im Notfall ist es sinnvoll, einen Vermittler einzuschalten und mit seiner Hilfe die Beziehung zu klären. Unter veränderten Bedingungen kann man dann neu beginnen oder das Coaching gemeinsam beenden.

Ende?

- Wann und wie wird das Coaching beendet? Wann ist das Ziel erreicht?

- Es ist zu empfehlen, den Fortschritt im Coachingprozess durch Kontrolle des Erreichens von Teilzielen zu überprüfen.

🔹 Möglichkeiten zur vorzeitigen Auflösung der Coaching-beziehung sollten gegeben sein.

Dokumentation?

🔹 Wer übernimmt welche Aufgaben?

🔹 Soll ein Ergebnisprotokoll geschrieben werden?

Zusätzliche Informationen über den Coachee?

🔹 Der Coach beobachtet den Coachee (z.B. durch Hospitation, Videos, Tonbandaufzeichnungen, Befragungen von Bekannten des Coachees usw.).

Bezahlung des Coachs

🔹 Im Rahmen der Gemeinde arbeitet der Coach in der Regel ehrenamtlich: Er setzt einen Teil seiner Gaben für den Bau des Reiches Gottes ein.

🔹 Der Coachee ist zu keiner Gegenleistung verpflichtet.

Es kann nicht gleich am Anfang des Coachings über alle Erwartungen ausführlich gesprochen werden. Es muss auch nicht über jeden Punkt sofort eine Einigung erzielt werden. Vieles wird von Fall zu Fall entschieden.

Die wichtigsten gegenseitigen Erwartungen müssen aber ausgesprochen und verstanden werden und die Absicht der Erfüllung muss zugesagt werden.

Fragen zur Selbstklärung für Coach und Coachee

- Sind alle meine Erwartungen auf dem Tisch?
- Gibt es noch Erwartungen oder Befürchtungen, die ich mich nicht getraut habe auszusprechen?
- Was könnten die Folgen sein, wenn ich diese Erwartungen nicht offen lege?
- Was geschieht, wenn meine geheimen Erwartungen nicht erfüllt werden?
- Was hindert mich, diese »Geheimnisse« zu lüften?

Fragen für den Coachee:	**Fragen für den Coach:**
Wo stehe ich?	
	Kann und will ich die Erwartungen des Coachees erfüllen?
Was brauche ich?	Kann ich für den Coachee zum Segen werden?
Was will ich?	
Was sind meine Ziele?	
Kann der Coach meine Erwartungen erfüllen?	Bin ich für den Coachee der richtige Coach?
Wie werden wir miteinander klarkommen?	Will Gott diese Coachingbeziehung?
Wo sind welche Spannungen zu erwarten?	Kann der Coachee meine Erwartungen erfüllen?
	Werden wir miteinander klarkommen?
	Wo sind welche Spannungen zu erwarten?

Ziele

Mögliche Prozessziele (personenbezogen oder allgemein)

- Wachstum im Glauben, Erkennen des Willens Gottes
- mit sich selbst in Einklang zu kommen
- Stärkung und Weiterentwicklung der Persönlichkeit
- Erkennen und Fördern der persönlichen Fähigkeiten und Talente
- Ermutigung, Trost
- Erweiterung der Sozial- und Methodenkompetenz
- Begleitung und Hilfe bei der Bewältigung von Aufgaben in der Gemeinde.

Ergebnisziele: auf konkrete Aufgaben bezogen

- Lernen und Einüben bestimmter Fähigkeiten und Verhaltensweisen für spezielle Aufgaben und Projekte: z.B. das Leiten eines Arbeitskreises, die Moderation von Besprechungen, das Verhalten in bestimmten Konflikt- und Stresssituationen oder der Umgang mit schwierigen Mitarbeitern
- Entscheidungen zu treffen und herbeizuführen
- Stärkung bestimmter Kompetenzen
- Abbau von Menschenfurcht und Ängsten in konkreten Situationen.

Je genauer die Ziele beschrieben werden, desto effektiver kann eine Ergebniskontrolle sein. Das große Coachingziel »Hilfe zur Selbsthilfe« muss daher mit Inhalten gefüllt werden. So weit und offen formuliert, können Fortschritte auf diesem Gebiet nicht überprüft werden. Je nach Stimmungslage und Art der Fragestellung wird der Coachee seine Fortschritte mal als groß und mal als gering bewerten.

Vereinbarung / Vertrag:

Sind die Erwartungen ausgesprochen und die Ziele bestimmt, empfiehlt es sich, sie in schriftlicher Form festzuhalten.

Eine Art Vertrag hat viele Vorteile und macht Sinn:

- Ein Vertrag schafft Klarheit, Missverständnisse werden vermieden.
- Ziele, Aufgabenverteilung und Verantwortlichkeiten sind klar geregelt.
- Die wichtigsten gegenseitigen Erwartungen und Zusagen liegen offen.
- Ein Vertrag schafft Verbindlichkeit und Vertrauen.
- Das Erreichen der Ziele wird kontrollierbar.
- Form und Art der Kontakte zwischen den festen Terminen sind abgesprochen.
- Das Verhalten im Konfliktfall und die Möglichkeit zur Auflösung der Coachingbeziehung sind festgelegt.
- Coach und Coachee vereinbaren, in bestimmten Abständen oder nach Bedarf bei Spannungen, Zwischenstopps einzuplanen. Diese Zwischenstopps dienen zur Zielkontrolle und der Metakommunikation.

Phase 2 im Coachingprozess: Coaching-Arbeit

Die ersten informellen Gespräche sind zur Zufriedenheit beider verlaufen. Die Rahmenbedingungen und Ziele stehen fest. Die Coaching-Arbeit kann beginnen.

Verlauf einer planmäßigen Coaching-Sitzung:

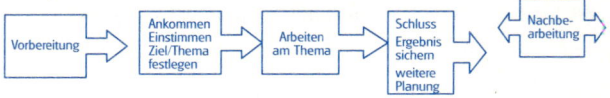

Der Coach sieht sich die Aufzeichnungen an und geht in Gedanken betend die letzte Sitzung durch:

- Was spüre ich? Fällt mir etwas auf?

- Was haben wir uns für heute vorgenommen?

- Gibt es noch Klärungsbedarf?

- Ist der Coachee auf einem guten Weg?

- Wo drohen Gefahren?

- Wie ist die Beziehung zum Coachee zu vertiefen? Gibt es Vorbehalte oder Störungen?

- beten und danken für den Coachee

- beten um Segen und Weisheit.

Was sich der Coach für das neue Gespräch vergegenwärtigt:

- Zuhören! Zuhören!

- Sich mit Vorschlägen zurückhalten!

- Auf Kopf und Bauch achten!

- Körpersprache wahrnehmen!

- Positives herausstreichen! Mut machen! Trösten! Herausfordern!

- Sich vornehmen: »Ich will mich voll und ganz auf den Coachee einlassen und für ihn da sein!«

So bereitet der Coachee sich vor:

Auch der Coachee kann betend in Gedanken die letzte Sitzung und die Aufzeichnungen durchgehen und »durchfühlen«:

- Was spüre ich? Fällt mir etwas auf?
- Habe ich meine »Hausaufgaben« gemacht?
- Fehlen noch bestimmte Informationen?
- Was will ich einbringen, klären?
- Was ist mein Ziel für diese Sitzung?
- Wie ist die Beziehung zum Coach zu vertiefen? Gibt es Vorbehalte, Störungen?
- beten und danken für den Coach
- beten um Segen und Weisheit
- willentlich fest vornehmen: »Ich will offen, ehrlich und vertrauensvoll meine ganze Person, meine Fragen und Probleme einbringen!«

Ankommen – Einstimmung – der Beginn des Treffens

- Begrüßung, aufwärmen, Lage erkunden
- auf eine gemeinsame Wellenlänge kommen
- Wie geht's? Persönlich, der Familie, am Arbeitsplatz, in der Gemeinde?
- Neue Erfahrungen? Neue Erkenntnisse?
- Was ist heute dran? Thema und Ziel für heute werden festgelegt.
- Gebet um Segen, Weisheit und Offenheit für das Gespräch

Der Coach sorgt für eine angenehme Gesprächsatmosphäre in einem störungsfreien Raum.

Wichtige Weichen für den Erfolg des Gesprächs werden in der ersten Viertelstunde gestellt. Gelingt es, sich auf die gemeinsame Basis zu besinnen und die vertrauensvolle Beziehung zwischen Coach und Coachee zu aktivieren, ist die Grundlage für ein gutes und wertvolles Gespräch gelegt. Selbst wenn es dann im Laufe der Beratung zu Missverständnissen oder Verletzungen kommt, können diese Fehler sofort angesprochen werden. Geschieht das auf eine offene und ehrliche Weise, wird es die Beziehung vertiefen.

Die gemeinsame Basis

Jesus sagt:

»*Wenn zwei oder drei in meinem Namen versammelt sind, bin ich mitten unter ihnen.*« (Matthäus 18,20)

und:

»*Ich bin der Weinstock, ihr seid die Reben. Wer in mir bleibt und ich in ihm, der bringt viel Frucht; denn ohne mich könnt ihr nichts tun.*« (Johannes 15,5).

Dem Coach und dem Coachee sind diese Aussagen Jesu sehr bewusst und sie drücken das auch im gemeinsamen Gebet aus: *Wir sind hier im Glauben an dich, Herr Jesus Christus, zusammen. Wir vertrauen auf die Zusage deiner Gegenwart und Leitung.*

Nur unter deiner Leitung können wir in deinem Sinne denken, fühlen, planen, handeln, miteinander beraten.

> »*Nun aber bleiben Glaube, Hoffnung, Liebe, diese drei; aber die Liebe ist die größte unter ihnen.*« (1. Korinther 13,13)

Beim Coaching geht es nicht zuerst um mehr Erkenntnisse, um ein Wohlfühlen des Coachees, um mehr Erfolg und weniger Leidensdruck. Es geht auch nicht zuerst um mehr und bessere Aktionen und Programme. **Es geht vor allem um die Liebe – die Liebe zu Jesus und zu den Menschen.**

In diesem Bewusstsein und auf dieser Basis wird das Coaching-Gespräch gelingen: Alles, was wir hier und heute andenken, planen, besprechen, soll von der Liebe bestimmt sein. In der Liebe wollen wir wachsen!

Arbeiten am Thema, am Problem

Thema, Ziel und Art des Vorgehens sind besprochen. Jetzt wird am Thema gearbeitet und gegebenenfalls eine Lösungsstrategie entwickelt.

Fragen und Sachverhalte, die erörtert werden:

- Eingehende Problembeschreibung, Diagnose
- Fakten, Beobachtungen, Gefühle, verschiedene Sichtweisen und Einschätzungen
- Verhaltensweisen, Ansichten und Bewertungen beteiligter Personen
- Hintergründe, Umstände, systemische Zusammenhänge
- Ursachenforschung, Analyse
- Bedürfnisse, Motive, Wünsche, Erwartungen
- Fähigkeiten, Ängste, Grenzen des Coachees

- Erklärungen, Theorien, Geschichte
- Bewertung und Gewichtung
- Gefühl, positive und negative Anteile
- biblische Sicht
- Zweckmäßigkeit
- Veränderungswünsche
- Ideen, Phantasien, Möglichkeiten
- Konsequenzen, Strategien
- »Was würde Jesus tun?«
- Erarbeitung von Lösungswegen
- Zeit und Raum zum Trainieren neuer Fähigkeiten und Verhaltensweisen
- Überlegungen und Planung der ersten Schritte in Richtung Ziel
- Zeitplanung: Was soll bis wann erledigt sein?
- To-do-Liste, Kontrolle

Immer wieder fasst der Coach die Gesprächsinhalte zusammen, gibt Feedback und stellt weiterführende Fragen.

Ende gut, alles gut!? – der Schluss der Sitzung

Genügend Zeit für ein gutes Ende muss sein! Gehetze am Ende der Sitzung ist Gift, denn es werden wichtige Impulse im Keim erstickt und unschöne Gefühle geweckt. Schon zu Beginn der zweiten Hälfte der zur Verfügung stehenden Zeit sollte der Coach daher auf ein **Zeitpolster für die Schlussphase** des Gesprächs hinarbeiten.

Ergebnissicherung:

Coach und Coachee fassen die Ergebnisse zusammen, unterstreichen was ihnen besonders wichtig ist und ziehen ein Fazit:

- 🔵 Inwieweit haben wir das gesteckte Ziel erreicht?

- 🔵 Was lief gut? Was sollten wir anders machen?

- 🔵 Was steht noch aus? Wie wollen wir damit umgehen?

- 🔵 Wie geht es weiter (Hausaufgaben, Zeitplanung)?

Mit Segnen, Loben, Danken und Bitten um Gelingen der Vorhaben beenden Sie das Treffen.

Nachbereitung durch den Coach

Die Sitzung ist vorbei. Der Coachee hat sich verabschiedet. Soweit noch nicht geschehen, notiert sich nun der Coach die wichtigsten Ergebnisse, Vereinbarungen und Eindrücke.

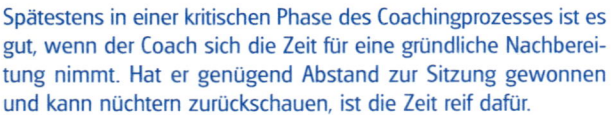

Spätestens in einer kritischen Phase des Coachingprozesses ist es gut, wenn der Coach sich die Zeit für eine gründliche Nachbereitung nimmt. Hat er genügend Abstand zur Sitzung gewonnen und kann nüchtern zurückschauen, ist die Zeit reif dafür.

Am besten wird jede Beobachtung, jede Aussage über ein Gefühl oder einen Gedanken an einem konkreten Beispiel aus dem Gespräch festgemacht. Die Ergebnisse seiner Überlegungen hält der Coach schriftlich fest. Nach mehreren Nachbereitungen wird er eine ihm gemäße schriftliche Form entwickeln, ein bestimmtes Schema mit einer Auswahl an Fragestellungen. Im Idealfall hat er einen kompetenten Menschen (z.B. einen Freund, Coach, Supervisor), mit dem er seine Gedanken und Aufzeichnungen erörtern kann und der ihm Feedback gibt.

Checkliste für die Nachbereitung

- Wie habe ich mich am Ende der Sitzung gefühlt?
- Wie fühlte ich mich wann während der Sitzung (gestresst, nervös, angespannt, locker, bedrückt, gelassen, erwartungsvoll ...)?
- Wie bin ich in die Sitzung hineingegangen?
- Wie intensiv habe ich mich vorbereitet?
- Wie hoch waren meine Erwartungen?
- Was fühle ich, wenn ich die Sitzung noch einmal an mir vorüberziehen lasse?
- Haben wir das gesteckte Ziel erreicht?
- War ich echt und habe die Rolle als Coach nicht nur gespielt?
- Wie habe ich meine Wertschätzung dem Coachee gegenüber gezeigt?
- Was habe ich an Persönlichem von mir weitergegeben?
- Wie habe ich dem Coachee Feedback gegeben?
- Wie waren die Redeanteile verteilt? Habe ich zu viel geredet?
- Hatte ich Geduld beim Erarbeiten von Lösungen?
- Habe ich auf meine Körpersignale und Körpersprache geachtet?
- Habe ich Widerstände bei mir und beim Coachee gespürt?
- Inwieweit habe ich die Körpersprache des Coachee wahrgenommen?
- Wie offen war der Coachee? Hält er Dinge zurück? Wie weit vertraut er mir?

- Wo hätte ich durch Fragen eventuell nachhaken sollen?
- Wie und wann will ich auf bestimmte Dinge noch einmal zurückkommen?
- Welche Wünsche, Appelle an mich habe ich gehört?
- Welche neuen Erkenntnisse und Einsichten habe ich gewonnen...
  - über mein Glaubensleben?
  - über den Coachee?
  - über die Gemeinde, Systeme, Menschen?
- Bin ich zufrieden mit dem Verlauf dieser Sitzung und mit dem bisherigen Coaching insgesamt?
- Welche Lernfortschritte hat der Coachee gemacht?
- Wie äußert sich der Coachee zu dieser Sitzung und zu dem bisherigen Coaching insgesamt? Ist er zufrieden?
- Welche Themen wurden angesprochen?
- Welche Themen sollen in einer anderen Sitzung noch vertieft werden?
- Zu welchen Ergebnissen sind wir gekommen?
- Was hat der Coachee für sich erkannt?
- Was hat er sich vorgenommen?
- Wie will er sein Vorhaben umsetzen und die Fortschritte kontrollieren?
- Welche Hilfen will er in Anspruch nehmen?
- Welche Informationen braucht er noch?
- Welche Zusagen habe ich gemacht?
- Welche Aufgaben habe ich übernommen?
- Was will ich in der nächsten Sitzung unbedingt ansprechen?

- Ist noch etwas sehr Wichtiges zu klären?
- Sollte ich so bald wie möglich mit dem Coachee Kontakt aufnehmen?
- Wie geht es weiter?
- Wofür will ich konkret beten?

Inwieweit ist mir die Gesprächsführung gelungen

in Bezug auf...

- Struktur und Zeitplanung?
- aktives Zuhören?
- Zusammenfassen der Beiträge?
- Feedback?
- Empathie?
- Fragen, Impulse durch Wiederholung?
- Gesprächspausen?
- Störungen?
- Widerstände?

✗ Darauf will ich mehr achten:

_____

✗ Das darf nicht wieder vorkommen:

_____

✗ Das muss ich lernen und einüben:

_____

✗ Da brauche ich Hilfe, Rat, Korrektur, Information:

_____

Nachbereitung durch den Coachee

Ähnlich wie der Coach führt auch der Coachee seine Nachbereitung durch.

Ein mögliches Schema für die Nachbereitung:

Die Beurteilung der folgenden Fragen und Aussagen kann mit Hilfe einer Bewertungsskala geschehen:

z.B. von sehr schlecht/wenig bis richtig gut/hervorragend

−2   −1   0   +1   +2

Nach Möglichkeit wird jede Beurteilung begründet und durch mindestens ein konkretes Beispiel belegt:

Note: _____   Beispiel: _____

Wie habe ich mich am Ende der Sitzung gefühlt?

___ _____

Wie war meine Vorbereitung für die Sitzung?

___ _____

Wie wurden meine Erwartungen für diese Sitzung erfüllt?

___ _____

Ich war offen und habe Persönliches von mir preisgegeben:

___ _____

Ich habe die ganze Zeit aktiv und konzentriert mitgearbeitet:

___ _____

Ich habe für meinen Glauben neue Erkenntnisse gewonnen:

___ _____

Ich habe neue Einsichten für meine Lebensführung bekommen:

_____

Ich fühle mich ermutigt:

_____

Auf dem Weg zum Coachingziel bin ich ein Stück weitergekommen:

_____

Mein Gesamturteil über diese Sitzung:

_____

Mein Gesamturteil über den bisherigen Coachingprozess:

_____

Mein Verhältnis zum Coach:

_____

Die Gesprächsleitung durch den Coach habe ich als hilfreich erlebt:

_____

Ich habe mich vom Coach verstanden gefühlt:

_____

Die Zeit für die Schlussphase hat gereicht:

_____

Der Coach hat mir gut zugehört:

_____

Er hat die Dinge auf den Punkt gebracht:

_____

Der Coach hat mir klärende Fragen gestellt:

_____

Er hat mir wichtige Impulse zum Weiterdenken gegeben:

___ _____

Der Coach hat mir aufbauendes Feedback gegeben:

___ _____

Die Redeanteile waren gut verteilt:

___ _____

Meine Beziehung zum Coach ist tiefer geworden:

___ _____

Über folgende Themen haben wir gesprochen:

✗

✗

✗

Diese Erkenntnisse habe ich für mich gewonnen:

✗

✗

✗

Darüber will ich weiter nachdenken und beten:

✗

✗

✗

Das habe ich mir fest vorgenommen:

Erste Schritte:

✗

✗

Zeitplanung:

✗

✗

Kontrolle:

✗

✗

Hilfen?

✗

✗

Weitere Infos?

✗

✗

Hausaufgaben:

✗

✗

Konsequenzen für die Zielplanung und Durchführung des Coachings:

- Sind Fragen geblieben für die nächste Sitzung?
- Gibt es etwas, das ich mit dem Coach noch vor dem nächsten Termin besprechen will?
- Wie geht es weiter?

Tipp für eine Metakommunikation

Der Coach versetzt sich in die Lage des Coachees und beantwortet die Auswertungsfragen aus dessen Sicht. Ein Vergleich der Auswertungsergebnisse derselben Sitzung von Coach und Coachee bildet dann die Grundlage für das Gespräch über ihre Zusammenarbeit.

Der Coach als »Detektiv« und »Beschatter«

Für die Qualität des Coachings kann es von großem Vorteil sein, wenn sich der Berater nicht allein auf die Sichtweisen und Bewertungen des Coachees stützt. Zusätzliche Informationen über die Lebensweise, das Auftreten, die Arbeitsweise und die Wirkung des Coachees auf andere Menschen können mit vielfältigen Methoden gewonnen werden: z.B. durch Videoaufzeichnungen, Tonbandmitschnitte, Beobachtungen, Hospitationen, Gutachten, Berichte und Befragungen.

Im Auftrag des Coachees macht sich der Berater sein eigenes Bild.

Der Coach spielt Detektiv und »beschattet« den Coachee bei seiner Tätigkeit, indem er z.B. in einer Mitarbeiterbesprechung hospitiert, die der Coachee leitet. Bezogen auf das Coachingziel befragt der Berater Menschen aus dem Umfeld des Coachees, z.B. Mitarbeiter und Mitglieder von Gruppen, in denen der Coachee verkehrt oder die er leitet:

- Wie erfüllt der Coachee seine Aufgaben?
- Wie wirkt er auf euch?
- Was macht er gut, was könnte er besser machen und wie?

Alle diese Informationen und die Ergebnisse der Hospitationen fließen in die Coachinggespräche mit ein oder werden gezielt thematisiert und ausgewertet:

- Vergleich von Selbst- und Fremdbild des Coachees
- Wo läuft was wie gut?
- Was kann verbessert werden?
- Was muss der Coachee unbedingt vermeiden?
- Was sollte er lernen und einüben?
- Wie glaubwürdig ist sein Christsein?
- Was für Konsequenzen ergeben sich für den Coachingprozess…
  - für die Zielbeschreibung?
  - für Veränderungen von Einstellungen und Verhaltensweisen?

Zwischenstopp: Zielkontrolle

> **Wer nicht weiß, wo er hinwill, braucht sich nicht zu wundern, wenn er nirgends ankommt.**

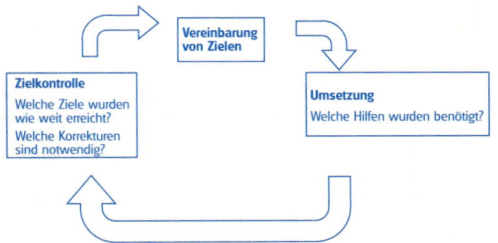

Vereinbarung von Zielen

Zielkontrolle
Welche Ziele wurden wie weit erreicht?
Welche Korrekturen sind notwendig?

Umsetzung
Welche Hilfen wurden benötigt?

In bestimmten Abständen werden im Verlauf des Coachings einige große **Zwischenstopps** zur Zielkontrolle eingeplant. Kommen zwischendurch beim Coach oder Coachee Gefühle der Orientierungslosigkeit auf, wird ein kleiner Zwischenstopp durchgeführt. Dahinter steht immer die Frage:

Bringt das, was wir gerade thematisieren, den Coachee in Richtung des gesteckten Coachingziels weiter?

Je eindeutiger und griffiger das große Ziel und die Zwischenziele beschrieben werden, desto genauer kann die Zielkontrolle erfolgen. Stellen Coach und Coachee bei der Kontrolle fest, dass die Ziele schwammig sind und aus vielen schönen, großen, frommen Worten bestehen, muss an der Klarheit der Zielfestlegung gearbeitet werden. Denn die Gefahr, Luftschlösser zu bauen und sich in einer frommen Scheinwelt zu bewegen, ist groß und im Coachingprozess kann der Bezug zur Lebensrealität des Coachees schnell verloren gehen.

Pauschalisierungen und schöne Allgemeinplätze helfen nicht weiter. Sie geben nur eine gewisse Stimmung wieder, reichen aber nicht aus als Grundlage für wichtige Korrekturen von Lernstrategien oder zur Bewertung des Lernerfolgs. Zum Beispiel:

»Ich habe viel gelernt.«

»Ich bin im Glauben gewachsen.«

»Das war eine wichtige Zeit für mich.«

»Ich bin enttäuscht und frustriert.«

Bei der Zielkontrolle wird eine Zwischenbilanz gezogen und die Gründe zum Feiern, Loben, Danken, Trauern, Weinen oder Bedauern werden konkret benannt.

Fragen und Stichpunkte zur Zielkontrolle

- 🔵 Die Aussagen begründen und an Beispielen festmachen!

- 🔵 Coach und Coachee vergewissern sich immer wieder, ob sie den anderen richtig verstanden haben!

- 🔵 Es muss immer wieder überprüft werden, ob beide von derselben Sache sprechen!

- 🔵 Bei Unklarheiten können die Aufzeichnungen herangezogen werden!

- 🔵 Es geht nicht darum, Recht zu haben, sondern um das, was der andere meint, denkt und fühlt.

Betend nach dem Willen Gottes suchend gehen beide die Fragen durch, vergleichen ihre Sichtweisen und Empfindungen und ziehen Schlüsse daraus:

- 🔵 Was ist unser Coachingziel?

- 🔵 Wo stehen wir heute?

- 🔵 Wenn ich unser bisheriges Coaching ansehe und auf mich wirken lasse, fühle ich…

- 🔵 Was ist gut, was ist schlecht gelaufen?

- 🔵 Wie werden unsere Erwartungen erfüllt?

- 🔵 Stimmt unser Kurs?

- 🔵 Welche Korrekturen sollten wir vornehmen?

- 🔵 Wie können wir unsere Strategie verbessern?

- 🔵 Arbeiten wir mit genügend Tiefgang?

- 🔵 Wie halten wir unsere Zeitplanung ein?

- 🔵 Meiden wir bestimmte Themen?

- 🔵 Brauchen wir Hilfe?

- ➤ Fehlen uns weitere Informationen?
- ➤ Welche Rückmeldungen von Mitmenschen des Coachees gibt es?
- ➤ Was sind Gründe zum Danken, Loben, Feiern?
- ➤ Was sind Gründe zum Bedauern, Klagen, Weinen?
- ➤ Was sind Gründe, Buße zu tun und um Vergebung zu bitten?
- ➤ Wie wird Jesus unsere Arbeit beurteilen?
- ➤ Was soll wann wie umgesetzt werden?
- ➤ Wie gehen wir miteinander um? (Metakommunikation)

Die Ergebnisse der Zielkontrolle werden schriftlich festgehalten. Am Ende wird gefeiert und Gott gedankt! Und dann geht das Coaching mit neuem Mut weiter!

Zwischenstopp: Metakommunikation

Häufiger als Zielkontrollen sind Zwischenstopps notwendig. Kommt es z. B. zu Missverständnissen und macht sich ein unbestimmtes Gefühl der Unzufriedenheit beim Coach oder beim Coachee breit, muss über diese Störung möglichst bald gesprochen werden. Denn eine Einstellung nach dem Motto »die Liebe deckt alles zu und stellt sich blind« hat  verheerende Folgen. Die Zeit heilt nicht! Kommt es nicht zu einer Klärung, beginnt die Beziehung zwischen Coach und Coachee zu faulen und der Beziehungstod beginnt sein Werk.

Ist eine Krise zu erkennen, reicht ein kurzes Gespräch darüber meist nicht aus: Ein Zwischenstopp wird vereinbart. Eine ehrliche Metakommunikation kann zwar sehr schmerzhaft sein, aber sie bewirkt eine Reinigung, Klärung und Vertiefung der Beziehung. Das Ergebnis kann eine Trennung sein, aber eine Trennung,

- die konstruktiv bearbeitet wird,
- die für beide akzeptabel ist und
- die für den Coachee hoffentlich von Vorteil ist.

Das Vorgehen beim Zwischenstopp ist ähnlich wie bei der Zielkontrolle.

Die Aussagen werden an bestimmten Ereignissen festgemacht. Gerade bei Gefühlen und Bewertungen müssen sich beide immer wieder vergewissern, ob sie den anderen richtig verstanden haben. Dies geht nur durch Wiederholung dessen, was der andere gesagt hat: Kopfnicken reicht hier nicht!

Fragen und Stichpunkte für eine Metakommunikation

- Wie gehen wir miteinander um?
- Stimmt die Chemie noch?
- Wo »stinkt« es?
- Wo und wie sind Verbesserungen notwendig, möglich, wünschenswert?
- Was droht leere Routine zu werden?
- Begegnen wir uns in Liebe und Wahrheit?
- Wie wird Jesus unsere Art der Kommunikation beurteilen?
- Wie wollen wir was bis wann verändern?
- Wie lässt sich unsere Beziehung charakterisieren (echt, ehrlich, offen, vertrauensvoll, authentisch, konfliktreich, harmonisch, belastbar, vergebungsbereit, ängstlich, liebevoll)?

- Ist das Nähe-Distanz-Verhältnis für uns beide in Ordnung?

- Wie teilen wir uns unsere Erwartungen mit?

- Wie beurteilen wir das gegenseitige Feedback (liebevoll, klar, eindeutig, hilfreich, zu viel, zu wenig, aufbauend, niederschmetternd)?

- Wie empfindet der Coachee die Leitung durch den Coach (direkt, indirekt, locker, einengend, geduldig, engagiert, lustlos, zielorientiert, offen, bevormundend, planlos, empathisch)?

- Wie empfinden beide das Engagement des Coachees (stark, schwach, interessiert, lustlos, lernbegierig, offen, kurzatmig, lange, ausdauernd, zielstrebig, schwankend)?

- Gibt es leere Rituale und inzwischen unsinnig gewordene Gewohnheiten (Gebete, Floskeln, Regeln)?

Sehr aufschlussreich sind in diesem Zusammenhang der Vergleich und die Auswertung der Aufzeichnungen über einzelne Coaching-Sitzungen:

- Was hat der Coach anders erlebt als der Coachee?

- Was empfinden beide in gleicher Weise?

Die Schlussfolgerungen werden schriftlich festgehalten und beim nächsten Zwischenstopp überprüft.

Phase 3 im Coachingprozess: der Schluss

Ende
- nach Plan
- vorzeitig
- Ziel erreicht

Ende nach Plan

Die Anzahl der vereinbarten Coachingtermine geht dem Ende zu. **Spätestens in der vorletzten Sitzung** sollte Bilanz gezogen werden: Ein letzter großer Stopp mit Zielkontrolle (s.o.) wird eingelegt, dieses Mal aber mit abschließender Wirkung:

- 🔵 Was war unser großes Ziel?

- 🔵 Inwieweit haben wir das Ziel erreicht?

- 🔵 Was steht noch aus?

- 🔵 Was hat das Coaching dem Coachee gebracht (persönlich, geistlich, geistig, praktisch, an Lebenserfahrung)?

- 🔵 Was hat es dem Coach gebracht?

- 🔵 Was hat das Coaching der Gemeinde gebracht?

- 🔵 Was sollte der Coach und Coachee beim nächsten Mal besser machen?

- 🔵 Wie geht es weiter?

In der letzten Sitzung werden, soweit möglich, noch offen stehende Fragen geklärt. Wenn es keine ausdrücklichen Siege zu feiern gibt, dann aber mindestens den Abschied: Das Coaching darf nicht sang- und klanglos zu Ende gehen, denn für beide Teile ist ein richtiger Abschluss wichtig:

- 🔵 Der Coach wird aus der Verantwortung entlassen.

- 🔵 Der Coachee löst sich vom Coach und arbeitet selbständig weiter.

Verständigen sich beide auf eine Fortsetzung des Coachings, werden die Bedingungen und Ziele neu ausgehandelt.

Ende vorzeitig

Zwingende unvorhersehbare Umstände können zu einem Abbruch des Coachings führen (z.B. neue Aufgaben, Zeitmangel, Umzug, im ungünstigsten Fall unüberbrückbare Meinungsunterschiede und Sichtweisen). Die Gründe für das vorzeitige Ende müssen eindeutig benannt werden. Jetzt greifen die Vereinbarungen, die Coach und Coachee zu Beginn des Coachings für diesen Fall getroffen haben:

- Keine einseitige Kündigung!
- Kein Ende ohne gemeinsamen Abschluss!
- Kein Ende in Unfrieden!

Wie oben beschrieben, ziehen sie Bilanz und beenden das Coaching gemeinsam.

Sind **Unstimmigkeiten** der Grund für das Scheitern der Coachingbeziehung, bitten Sie gegebenenfalls eine Person Ihres Vertrauens um Vermittlung. Führt dieser Vermittlungsversuch nicht zu einem Neubeginn, beenden Sie das Coaching in beiderseitigem Einverständnis ohne negative Auswirkungen auf die Gemeinde.

Das Scheitern eines Coachingprozesses ist nicht zwangsläufig eine Katastrophe.

Es kommt darauf an, diese Krise liebevoll, ehrlich und wahrhaftig zu lösen und damit positiv zu bewältigen. Coach und Coachee werden daraus für sich wichtige Lehren ziehen. Neben Fragen der Zielkontrolle und Metakommunikation klären sie folgende Fragen:

Wenn es danebengeht – ein Krisencheck

- Worin bestehen unsere Unstimmigkeiten?

- War diese Entwicklung schon früher erkennbar?

- Was haben wir übersehen oder falsch eingeschätzt?

- Was lernen wir daraus für zukünftige Coachings?

- Warum können oder wollen wir die Unstimmigkeiten nicht überwinden?

- Wie können wir unsere Coachingbeziehung im Sinne Jesu beenden?

- Wie gehen wir weiter miteinander um?

- Coach und Coachee prüfen sich, ob ein Fehlverhalten oder Schuld vorliegt und bitten gegebenenfalls um Vergebung.

Ende: Coachingziel erreicht

Mögliche Anzeichen für das Ende

- Das Gespräch besteht zunehmend aus langen Monologen des Coachees oder des Coachs.

- Die Beiträge des Coachs haben für den Coachee an Gewicht verloren.

- Der Coachee bestimmt hauptsächlich allein das Gespräch.

- Beide disputieren immer öfter und der Coachee gibt nicht klein bei. Dem Coach rutscht der Satz raus (oder er denkt ihn für sich): »Zum Streiten ist mir hier die Zeit zu schade. Der weiß ja doch alles besser!«

- Es kommt zu Ermüdungserscheinungen. Die Luft ist raus.

- Termine werden eher mal verschoben oder fallen ganz aus.

- Keiner will sich eingestehen, dass das Ende gekommen ist.

- Das Coaching verliert an Wichtigkeit (obwohl keiner das zugibt und jeder das Gegenteil beteuert).

- Der Coach hat ausgedient (»Die Mutterkartoffel ist aufgebraucht«): Er hat sein ganzes Wissen und seinen Erfahrungsschatz in Bezug auf das Coachingziel weitergegeben. Das Ziel dieses Coachingprozesses ist erreicht.

- Der Coachee braucht einen neuen Coach mit anderen und/oder höheren Qualifikationen.

Das Ende rechtzeitig zu erkennen und zu akzeptieren, ist noch einmal eine hohe Hürde vor dem Ziel. Es drohen Ängste vor Neuem und Trennungsschmerz. Hier ist der Coach in besonderer Weise gefordert: Er muss den Coachee freigeben und vielleicht sogar »aus dem Nest werfen«.

Es braucht etwas Zeit, bis sich die Freude über das Erreichen des Coachingziels durchsetzt. In der vorletzten Sitzung wird Bilanz gezogen (s. o. Ende nach Plan). In der letzten Sitzung werden dann die Reste aufgearbeitet und es wird gefeiert.

- Der Coach bittet um den Segen Gottes für den weiteren Weg des Ex-Coachee.

- Er bietet eventuell seine Beratung bei Bedarf an.

Der Coach freut sich über gelegentliche Rückmeldungen des Ex-Coachees über dessen Wohlergehen. Ist während des Coachingprozesses eine besonders tiefe Beziehung gewachsen, kann das Ende des Coachings sogar der Anfang einer Freundschaft sein.

7. Kommunikation: Grundlagen

Unsere Wahrnehmung ist gefärbt und beschränkt: ein Stückwerk

Aus der Fülle von Reizen und Informationen, die auf uns ein-stürmt, nehmen wir nur einen kleinen Ausschnitt bewusst wahr. Wie wir diese individuelle Auswahl an Informationen interpretie-ren, wie wir sie verarbeiten, was wir speichern oder gleich aus-sortieren, was wir verändern oder anpassen und welche Schlüs-se wir daraus ziehen, hängt von vielen Faktoren ab und ist dazu von Mensch zu Mensch sehr unterschiedlich. Zu diesen Faktoren gehören ...

- die Sensibilität der Sinne
- persönliche Erfahrungen
- Vorurteile
- Sympathien
- die emotionale Befindlichkeit
- Wertvorstellungen
- das Gewissen
- Ziele
- usw.

Für die Qualität der Beratung ist es von großer Bedeutung, inwie-weit dem Coach sein Kommunikationsstil bewusst ist, ob er seine Stärken und Schwächen kennt und inwieweit er durch Nachfra-gen die Schwächen in seiner Wahrnehmung ausgleicht.

Nur wenn Coach und Coachee sich über ihre unterschiedlichen Wahrnehmungen und Deutungen austauschen, verständigen und vergewissern, wenn sie eigene Irrtümer nicht ausschließen und vergebungsbereit sind, kann die Kommunikation gelingen!

Coachs und Coachees tun gut daran, sich bezogen auf ihre Wahrnehmung und Erinnerung ihrer Grenzen und Unvollkommenheiten immer bewusst zu sein. Dies bewahrt sie vor Selbstüberschätzung sowie vor starrem und lieblosem Verhalten.

Fragen zur Selbstklärung von Coach und Coachee

- Wo bin ich blind oder taub?

- Wo bin ich blauäugig?

- Wo bin ich übersensibel?

- Wen oder was finde ich sympathisch, unsympathisch? Warum?

- Wo bin ich allergisch?

- Durch welche Brillen sehe ich?

- Durch welche Filter speichere ich meine Wahrnehmungen und Erfahrungen?

- Wie überprüfe ich meine Wahrnehmung und Erinnerung?

- Was vergesse ich besonders schnell?

- Was prägt sich besonders in mein Gedächtnis ein?

- Was bekommt in der Erinnerung leicht einen Glorienschein?

- Was wird erst in der Erinnerung zum Problem?

Paulus schreibt:

»*Unser Wissen und die Deutung der Ereignisse ist immer nur Stückwerk. Unsere Wahrnehmung ist beschränkt. Wir sehen wie durch eine matte Scheibe. Erst bei Gott werden wir die wahre Wirklichkeit erkennen.*« (nach 1. Korinther 13,9+12)

Coach und Coachee können kein rein sachliches Gespräch führen!

Eine rein sachliche Kommunikation gibt es nicht! Sprachliche Kommunikation geschieht auf der Sach- und der Beziehungsebene. Die gesprochenen Worte werden immer begleitet von vielen bewusst und unbewusst gesendeten Botschaften, z.B. durch Wortwahl, Wortklang, Sprechtempo, Körpersprache, Gesten, Mimik, Weglassen, Wiederholungen, Weghören, Nicht-darauf-Eingehen etc.

Die vier Seiten einer Nachricht

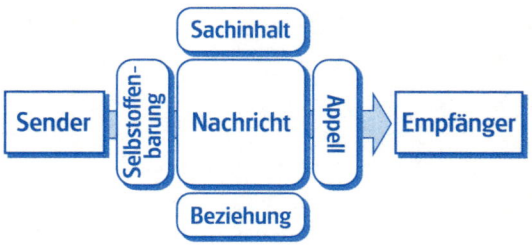

Jede Mitteilung, die ich an andere weitergebe, hat mindestens vier Seiten:

BEZIEHUNGSSEITE Wie ich zu dir stehe

APPELLSEITE Wozu ich dich veranlassen möchte

SELBSTMITTEILUNGSSEITE Was ich von mir mitteile

SACHSEITE Worüber ich informiere

Kommunikation ist ein ständiges Hin und Her:

- Ständig werden Botschaften gesendet und empfangen.
- Ständig werden verdeckte Botschaften entschlüsselt.
- Ständig kommt es zwangsläufig zu Missverständnissen und Konflikten.

Vierseitig senden vermindert die Wahrscheinlichkeit von Fehldeutungen!

Fragen zur Selbstklärung für Coach und Coachee

- ● Inwieweit entspricht das Gesendete meinem Fühlen und Denken?

- ● Welche Seiten einer Nachricht bevorzuge ich?

- ● Inwieweit teile ich neben den Sachinhalten auch meine Gefühle und Interessen mit?

- ● Wie oft verstecke ich mich hinter Fragen und Appellen?

- ● Wie weit bin ich mir meiner Körpersprache bewusst?

- ● Versuche ich zu imponieren und stelle mich und meine Leistungen heraus oder stapele ich tief, um einiges zu verbergen?

- ● Drücke ich Sachverhalte verständlich aus?

- ● Wie teile ich dem anderen meine Wertschätzung mit?

- ● Wie vergewissere ich mich, ob mein Gesprächspartner mich richtig verstanden hat?

- ● Wie oft fühle ich mich von meinem Gesprächspartner nicht richtig verstanden?

Vierseitig hören garantiert guten Empfang

- ● Wir hören mit mindestens vier Ohren.

- ● Jeder hört anders.

- ● Manchmal sind wir auf einem Ohr taub und auf einem anderen höchst empfindsam.

Der vierohrige Empfänger

SELBSTMITTEILUNGS-OHR

Was sagt der andere
über sich selbst?
Was ist mit ihm?
Was ist das für einer?

SACH-OHR

Wie ist der Sachverhalt
zu verstehen?

BEZIEHUNGS-OHR

Wie steht er zu mir?
Wie redet er mit mir?
Wen glaubt er vor sich zu haben?

APPELL-OHR

Was soll ich auf Grund
seiner Mitteilung tun,
denken, fühlen?

»Hast du mich richtig verstanden?« Diese Frage allein gestellt, ist,
vorsichtig formuliert, unlogisch. Wie kann ich wissen, ob ich den
anderen richtig verstanden habe? Erst ein Abgleich des Gesagten
mit dem Gehörten schafft Sicherheit!

> **Nicht was gesagt, sondern was verstanden wird, ist letztlich
> von Bedeutung!**

Fragen zur Selbstklärung für den Coach und Coachee

- 🔵 Auf welchem Ohr höre ich auch die feinsten Töne?

- 🔵 Auf welchem Ohr bin ich leicht taub?

- 🔵 Ist mein Beziehungs-Ohr überdimensioniert?

- 🔵 Empfinde ich mich häufig als Opfer und bin beleidigt?

- 🔵 Fühle ich mich schnell als Helfer und Lösungsbringer angesprochen?

- 🔵 Empfinde ich oft, dass alle etwas von mir wollen?

- 🔵 Möglicherweise ist das Appell-Ohr überempfindlich. Warum?

- 🔵 Höre ich in erster Linie, was der andere über sich sagt, um es dann mit mir und anderen zu vergleichen?

- 🔵 Interessiert mich nur der Sachverhalt und lassen mich Gefühle kalt?

- 🔵 Wie vergewissere ich mich, ob ich den anderen richtig verstanden habe?

- 🔵 Kommt es häufig vor, dass ich andere missverstehe?

Ichzen ist besser als Duzen

Wenn die Wahl besteht zwischen dem Senden einer **Ich-Botschaft** oder einer **Du-Botschaft**, ist das »Ichzen« immer besser. Geschieht dies noch vierseitig, ist die Wahrscheinlichkeit am höchsten, dass die Botschaft korrekt ankommt.

Wir wissen nie genau, wie eine Du-Botschaft ankommt. Nicht selten löst sie beim Empfänger unerwartete Reaktionen aus. Er fühlt sich z.B. angegriffen, beginnt sich zu verteidigen und baut Widerstände auf.

Auch der einfühlsamste und empathischste Coach ist nie wirklich in der Situation des Coachees.

Er steckt nie in der Haut des anderen! Du-Botschaften sind deshalb eigentlich immer eine Vermessenheit. Gesprächspartner können nur bei sich bleiben und ihre eigenen persönlichen Eindrücke und Folgerungen wiedergeben. Sich diese menschliche Begrenzung bewusst zu machen und zu respektieren ist für eine störungsfreie Kommunikation eine absolute Voraussetzung.

Ich-Botschaften signalisieren:

- Das ist meine persönliche Meinung.
- Das sind meine Gefühle.
- So sehe ich das.
- Ich kann mich auch irren.
- Ich vertraue dir etwas von mir persönlich an.
- Ich achte dich.
- Du kannst das anders sehen, fühlen, bewerten.
- Du weißt, wo du bei mir dran bist.

Feedback

Das ehrliche, offene, konstruktive Feedback des Beraters an den Coachee ist eine Grundlage für das Coaching. Auch der Berater braucht zur Überprüfung seiner Art der Beratung die Rückmeldung des Coachees.

Für ein fruchtbares Coachinggespräch ist ein bewusstes Geben und Entgegennehmen von Feedback notwendig! Ein faires Feedback ist ein Zeichen von hoher gegenseitiger Wertschätzung.

Eine offene und ehrliche Rückmeldung kann zwar schmerzlich sein. Ein Drumherumreden, Beschönigen und Verharmlosen ist aber schädlich. **Liebe und Wahrheit** gehören unbedingt zusammen. Nur ehrliche Rückmeldungen machen Sinn und helfen weiter. Der Berater muss dennoch die mögliche Wirkung seiner Botschaft auf den Coachee vorausbedenken und entsprechend vorgehen.

Feedback geben:

- Feedback erst dann geben, wenn sichergestellt ist: Der Empfänger ist hörbereit und emotional stark genug zur Aufnahme.

- Immer die positiven Seiten aufzeigen.

- Immer liebevoll, nie anklagend, immer konstruktiv sein.

- Die mögliche Wirkung auf den Empfänger bedenken.

- Auf Dinge beziehen, die der Empfänger ändern kann.

- Keine Pauschalaussagen machen, sondern Aussagen möglichst an konkreten Beobachtungen festmachen.

- Eindeutige Ich-Botschaften kommunizieren.

- Zwischen Beobachtungen, Empfindungen und Vermutungen unterscheiden.

- Darauf achten, dass der Empfänger hörbereit und emotional stark ist, das Feedback aufzunehmen.

8. Gesprächsführung

Regeln für das Coachinggespräch

Der Berater begleitet den Coachee hörend, sehend, verstehend, fühlend und betend:

- Mit allen Sinnen ist er auf den Coachee ausgerichtet.

- Gleichzeitig beachtet er seine eigene Befindlichkeit, seine Gefühlsregungen, seine Körpersignale und sein Gewissen:

  - Meldet sich mein Gewissen?

  - Stimmt etwas nicht?

  - Will mir Gott durch den Heiligen Geist etwas mitteilen?

  - Was sagt mein Gefühl/Bauch/Herz?

  - Was sagt mir mein Verstand?

  - Was sagt mir meine Lebenserfahrung und Menschenkenntnis?

Der Coach hört aktiv zu und zeigt dies auch.

Sein engagiertes Zuhören zeigt der Coach z.B. durch bestätigendes Kopfnicken, Blickkontakt, Gestik, Mimik und zustimmende kurze Laute wie »hmm«, »ja«, »gut«. Es geht um den Coachee, nicht um die Gefühle des Coachs! Mit starken Gefühlsäußerungen hält sich der Coach daher zurück, z.B. sagt er nicht »ach, das ist ja furchtbar schrecklich« oder fängt gar zu weinen an, so dass der Coachee sich genötigt sieht, den Coach zu trösten (»So schlimm war es auch wieder nicht; es ist ja wieder gut geworden!«).

Der Coach erträgt die Sprechpausen des Coachees.

- Bei Sprechpausen nicht sofort eingreifen!

- Die Stille aushalten!

- Dem Coachee zugewandt bleiben!

Pausen sind häufig sehr **wichtige kreative Phasen**. Dauert es zu lange, spricht der Coach dies an (z.B.: »Du machst eine Pause. Was bewegt dich?«).

Der Coach legt gezielt Sprechpausen ein.

- ➡ Dies erhöht die Aufmerksamkeit.
- ➡ Der Coachee und der Coach gewinnen Zeit zum Nachdenken.
- ➡ Das Gesagte kann sich setzen.
- ➡ Die Wirkung wird spürbar.

Der Coach fasst Beiträge zusammen.

Den Inhalt dessen, was der Coachee gesagt hat, fasst der Coach in gewissen Abständen – ohne Wertung – zusammen. Auch wenn es dem Coach sehr schwer fällt: Zunächst muss er das Gesagte komprimiert – ohne seinen Kommentar – wiedergeben und sich vergewissern, ob er alles richtig verstanden hat. Er achtet dabei auf die **vier Seiten einer Mitteilung**: Sachebene, Selbstoffenbarung, Beziehung, Appell.

Mit einer eigenen Stellungnahme und Beurteilung hält der Coach sich zurück. Seine Gefühle und eventuelle starke Betroffenheit muss er kontrollieren.

Es geht nicht ums Rechthaben und auch zunächst nicht um richtig und falsch!

Es geht darum, dass der Coachee das ausdrücken und aussprechen kann;

- was ihm alles im Zusammenhang mit dem Thema in den Sinn kommt;
- was ihm wichtig erscheint.

Er muss auch Falsches und Unfertiges sagen dürfen, ohne gleich deshalb zur Rechenschaft gezogen zu werden.

Der Coach wiederholt wichtige Aussagen und stellt weiterführende klärende Fragen.

Wichtige Aussagen wiederholt der Coach und bringt dadurch den Coachee dazu, darüber weiter nachzudenken (s. u. »Fragen stellen – eine hohe Kunst«).

Durch gezielte Verständnis- und Informationsfragen bringt der Coach Klärung in die Zusammenhänge.

Der Coach gibt Feedback.

Was der Coach mit all seinen Sinnen wahrnimmt und ihm für den Coachee wichtig erscheint, teilt er ihm liebevoll verständlich mit. Er spiegelt dem Coachee seine Eindrücke wider:

- wie die Aussagen auf ihn wirken;
- was er meint herauszuhören oder zu fühlen;
- wie er die Art des Coachees zu reden und seine Körpersprache empfindet;
- inwieweit Tonfall, Mimik und Körpersprache mit dem Inhalt des Gesagten übereinstimmen.

Der Coach ordnet das Gesagte.

- Er stellt Verbindungen und Bedeutungszusammenhänge her.
- Er weist auf Widersprüche hin.
- Er bringt Aussagen auf den Punkt.

Der Coach ermutigt den Coachee, Entscheidungen zu treffen.

Mit dem Coachee erarbeitet er Entscheidungsalternativen und unterschiedliche Lösungsmöglichkeiten. Er »zwingt« den Coachee dazu, die unterschiedlichen Denkmöglichkeiten bis ans Ende durchzuspielen. Wenn die Zeit dazu reif ist, macht der Coach dem Coachee Mut eine Entscheidung zu treffen.

Achtung Fallgruben! Gefahren in der Gesprächsführung

Die Offenheit und der Tiefgang des Coachinggesprächs können durch eine falsche Einstellung und durch entsprechende Verhaltensweisen des Coachs stark negativ beeinflusst werden. Dazu gehören:

- Überaktivität

- übergroße Hilfsbereitschaft und Anteilnahme

- Machtwille und Rechthaberei

- Selbstüberschätzung, höhere Erkenntnis

- Zeitmangel und Ungeduld

- **»Ich kenne die Lösung!«**
  Der Coach legt fertige Lösungen vor; er befiehlt und pocht auf Gehorsam; er überredet den Coachee und gibt zu schnell Ratschläge.

- **»Ich habe Recht!«**
  Der Coach vertritt rechthaberisch den eigenen Standpunkt; er verweist auf seine Lebenserfahrung und debattiert mit dem Coachee.

- **»Die Bibel gibt mir Recht!«**
  Der Coach dogmatisiert, indem er sich auf einzelne Bibelverse beruft und den Coachee auf eine einzige, nämlich seine eigene scheinbar biblische Sicht festnagelt. Er malt schwarz-weiß.

- **»Ich weiß, was du hast bzw. was dir fehlt!« (Blitzdiagnose!)**
  Sofort nach wenigen Sätzen weiß der Coach genau Bescheid und gibt seine Stellungnahme dazu ab. Er blickt sofort durch und teilt dem Coachee seine Einschätzung direkt und zweifelsfrei mit.

➔ **»Ich verstehe das. Du brauchst gar nicht weitererzählen. Das ist mir auch passiert.«**

Der Coach weiß exakt, wie die Geschichte weitergeht und was zwischen den Zeilen steht. Durch seine Brille sieht er alles, auch das, was nicht da ist. Einseitig aus seiner Sicht interpretiert und ergänzt der Coach die Aussagen des Coachees. Er projiziert seine Erfahrungen auf ihn und schließt von sich auf den Coachee.

➔ **»Ja, das ist immer so!«**

Der Coach verallgemeinert und pauschalisiert (»man«, »nach allgemeinem Verständnis, das ist halt so« ...). Die persönliche individuelle Geschichte des Coachees wird dadurch verwässert; sein persönlicher Schmerz und seine individuelle Freude werden vom Coach nicht mehr als einzigartig wahr- und ernst genommen: »Da muss man eben durch!«

➔ **»Don't worry! Be happy!«**

Der Coach bagatellisiert und spielt Gefühle und Probleme herunter. Der Coachee fühlt sich nicht in die Arme, sondern eher auf den Arm genommen!

➔ **»Das ist gut, das ist schlecht!«**

Der Coach moralisiert, wertet ständig und verteilt Noten. Wie ein Oberlehrer verteilt der Coach Lob und Tadel. Der Coachee gewöhnt sich daran. Er wartet auf das Urteil des Coachs und entwickelt kein eigenes Urteilsvermögen. Ist der Oberlehrer-Coach meistens wohlwollend positiv eingestellt und lobt den Coachee ständig, wird der Coachee davon abhängig. Vergisst der Coach einmal sein Urteil abzugeben und sagt nichts, empfindet der Coachee das als Tadel und ist verunsichert. Aber: Der Coach muss nicht zu allem sein Urteil abgeben.

➔ **»Mir ist klar, was dir der Heilige Geist sagen will!«**

Es besteht die Gefahr des Missbrauchs geistlicher Autorität! Sofort eine geistliche Erklärung, schnell ein passendes Bibelwort, immer einen frommen Deckel parat zu haben ist gefährlich.

● »Ich bin gebildet!«
Der Coach redet geschwollen und abstrakt und er protzt mit vielen theologischen und psychologischen Fachausdrücken. Das hebt den Coach, macht den Coachee klein.

● »Deine Sache ist meine Sache!«
Der Coach geht ganz in der Welt des Coachees auf und verliert die Distanz. Er identifiziert sich zu stark mit dem Coachee. Damit steigt er aus der Beraterrolle aus und wird zum Fußballtrainer, der am liebsten selbst den Elfmeter schießen würde.

● »Ich bin deine Mama!«
Der Coach ist fixiert auf eine bestimmte Rolle, z.B. als besorgte Mutter, Übervater, Wissensvermittler, Seelsorger oder als Spezialist für ein bestimmtes Fachgebiet. Er ist nicht offen für die ganze Person, sondern seine Wahrnehmung ist eingeschränkt. Er sieht deshalb nicht mehr die ganze Bandbreite der Fragen und Probleme, der Stärken und Schwächen des Coachees.

Fragen stellen – eine hohe Kunst

Die richtige Frage zum richtigen Zeitpunkt gestellt, bewirkt weit mehr als großartige richtige Antworten zum falschen Zeitpunkt.

● Ziel jeder Frage des Beraters ist es, einen Klärungs- und Denkprozess in Gang zu setzen. Das Ziel ist nicht, das Informationsbedürfnis oder die Sensationslust des Beraters zu stillen. Der Coach missbraucht seine Stellung, wenn er den Coachee über bestimmte Personen oder Vorgänge in der Gemeinde aushorcht.

● Die Fragen des Coachs müssen von Wertschätzung, Respekt und Liebe dem Coachee gegenüber geprägt sein.

● Die Zeit für die Frage muss reif sein. Der Coach wartet geduldig bis zum richtigen Zeitpunkt. Nicht selten kommt dann der Coachee selbst auf die notwendige Frage.

- Der Coach stellt nur notwendige Fragen, d.h. notwendig für sein Verständnis des Zusammenhangs und zur Klärung für den Coachee. Der Coach begründet seine Frage, z.B.: »Das will ich gerne wissen, weil…« Denn der Coachee soll wissen, worauf der Coach hinauswill: Der Coach spielt mit offenen Karten!

- Der Coach lässt dem Coachee immer die Wahl, wie weit er auf eine Frage eingehen will (»Wenn dir jetzt diese Frage zu nahe geht, brauchst du nicht zu antworten!«).

- Will der Coach einer Frage etwas die Spitze nehmen, stellt er die Frage an sich selber, er denkt gewissermaßen laut: »Wenn ich dich so höre, frage ich mich …«

- Durch Spiegeln, Wiederholen oder komprimierte Zusammenfassungen von bestimmten Aussagen des Coachees lenkt der Coach die Aufmerksamkeit auf einen noch zu klärenden Punkt. Wenn es gelingt, hat dies für den Coachee einen so starken Aufforderungscharakter, dass der Coach keine direkte Frage als Anstoß zum Weiterdenken in diesem Zusammenhang stellen muss. Das hat den Vorteil, dass der Coachee sich frei entfalten kann, von sich aus auf für ihn wichtige Dinge zu sprechen kommt und sich nicht bedrängt fühlt. Eine direkte Frage des Coachs dagegen kann den Coachee in seinem Denken einengen. Denn eine direkte Frage entspringt immer der Gedankenwelt des Coachs. Ein offener Impuls hingegen lässt dem Coachee mehr Raum für seine Antwort als bei einer direkten Frage.

Wann und wie Fragen oder Denkanstöße in eine bestimmte Richtung zu stellen sind, macht die Kunst des Fragens aus und erfordert viel Weisheit und Erfahrung.

Vermeidbare Fehler:

➲ Zu viele Fragen hintereinander

Der Coach fragt und der Coachee antwortet – Ping-Pong-Effekt ohne Tiefgang. Der Coachee beantwortet nur die gestellte Frage und wartet auf die nächste, denkt von sich aus aber nicht weiter.

➲ Zu schwierige Fragen

Der Coachee muss die Fragen beantworten können. Weiß er mehrfach keine Antwort, kann er sich als Versager fühlen und mutlos werden.

➲ Suggestivfragen

Durch Suggestivfragen (»Meinst du nicht auch ...?«) wird der Coachee manipuliert. Der Coach ist nicht wirklich an einer echten Antwort des Coachees interessiert.

➲ Verhörfragen

»Was hast du gemacht?«, »Und dann?«, »Und danach?«, »Warum hast du das so gemacht?« ... Der Coachee darf nicht den Eindruck bekommen, bei einem Polizeiverhör zu sein oder als Angeklagter vor Gericht zu stehen.

➲ Beharren auf der Beantwortung einer bestimmten Frage

»Das muss ich unbedingt wissen ...«, »Wenn du darauf nicht antwortest, dann ...« Mit Druck wird der Coach das weitere Gespräch erschweren.

Er muss den Widerstand des Coachee akzeptieren. Er kann ihm aber die Wichtigkeit seiner Frage begründen und ihn eventuell um eine Erklärung für seine Verweigerung bitten.

Die »Gefährlichkeit« einer Frage erspürt der Coach am besten, wenn er sich in die Situation des Coachee hineinversetzt und die Frage auf sich selbst wirken lässt: »Was würde ich empfinden, wenn mir auf diese Weise diese Fragen gestellt würden?«

Stimmt die Chemie zwischen beiden, wird der Coachingprozess an einzelnen »gefährlichen« oder ungeschickt gestellten Fragen nicht scheitern, aber er wird unnötig gestört. Manche guten Entwicklungen werden aufgehalten oder schon im Keim erstickt.

Wenn der Coachee so eine Frage stellt:

- »Wie kann ich das verstehen?«
- »Warum hilft mir Gott nicht?«
- »Was soll ich tun?«

Bei solchen Fragen wird der Coach zunächst eine direkte Antwort vermeiden und die Frage zurückgeben:

- »Wenn ich dich richtig verstehe, beschäftigt dich folgende Frage ...«
- »Wie bist du auf diese Frage gekommen?«
- »Warum ist dir meine Antwort wichtig?«

Der Coach versucht herauszufinden, warum dem Coachee diese Frage wichtig ist, ob und welche Antworten er schon gefunden hat. Ist das geklärt und hat der Coachee keine befriedigende Antwort gefunden, gibt es für den Coach verschiedene Wege zu reagieren:

- **Der Coach gibt mehrere Antworten als Alternativen:**
  »Da sind mehrere Antworten denkbar...« Dadurch bekommt der Coachee Anregungen, selber weiterzudenken und seine Antwort zu finden.

- **Der Coach gibt seine persönliche Antwort.**
  »Das ist meine Antwort auf deine Frage. Ob meine Antwort auch für dich stimmt, musst du selber herausfinden.«

- **Der Coach bietet seine Mithilfe bei der Suche nach einer Antwort an.**
  »Wollen wir uns gemeinsam auf die Suche machen?«

➔ »Ich weiß auch keine Antwort.«

Er stellt sich ebenfalls mit unter das Problem und hilft so dem Coachee die offene Frage auszuhalten. Er sagt dem Coachee zu, der Frage weiter nachzugehen und sie im Gebet zu bewegen. Im gemeinsamen Gebet klagen sie Gott ihre Ratlosigkeit und bitten ihn um Hilfe.

Wenn der Coachee auffallend viele Fragen stellt:

Ist der Coach auf eine Frage kurz eingegangen, kommt schon eine neue Frage: »Ja, aber...«, »Warum sollte ich...?«, »Kann es nicht sein, dass ...?«

Das kann ein Zeichen dafür sein, dass der Coachee über die Antwort nicht weiter nachdenken will.

Sobald dies dem Coach bewusst wird, überlegt er für sich:

- ➔ Was erreicht der Coachee mit dieser Fragerei?

- ➔ Was beabsichtigt er?

- ➔ Will er den Gesprächsverlauf bestimmen? Warum?

- ➔ Geht es ihm um einen Machtkampf?

- ➔ Weicht er aus? Will er nicht gefragt werden? Wovor hat er Angst? (Vermeidungsstrategie?)

Der Coach darf dieses Spiel nicht mitspielen. Er muss diesen Kreislauf unterbrechen und bringt es zur Sprache:

»Mir fällt auf, du stellst dauernd neue Fragen.« (Sprechpause) »Ist dir das bewusst?« (...) »Ich frage mich, was du damit erreichst?« (...) »Ist das Absicht, oder...?«

9. Gruppencoaching

Ziele

Gruppencoaching

→ Verbesserung der Kommunikation und Kooperation innerhalb einer Gruppe

→ Kommunikation und Kooperation mehrerer Gruppen untereinander

Der Coach

Aufgabe eines Gruppencoachs ist es, die Kommunikation und die Zusammenarbeit innerhalb einer Gruppe oder zwischen mehreren Gruppen untereinander zu gewährleisten und zu verbessern. Insbesondere bei Veränderungen oder Einführungen von Neuerungen in feste Systeme kann das Gruppencoaching sehr hilfreich sein und manche Irritationen verhindern.

Stellt man den Gruppen einen beratenden Begleiter zur Seite, haben die Gruppenmitglieder einen kompetenten Ansprechpartner, der für ihre Belange da ist.

Die **Stärken eines Gruppencoachs** sind:

– große soziale Kompetenz,
– ein bestimmtes Maß an Fachwissen,
– kein Verlangen nach Macht und Einfluss und
– sein einziges Werkzeug ist Überzeugungskraft.

Der Gruppencoach ist kein Gruppen- oder Projektleiter auf Zeit, kein Stellvertreter oder Kontrolleur der Gemeindeleitung. Der Coach hat den Gruppenmitgliedern gegenüber **keine Weisungsbefugnis**. Er kann nur versuchen Einsichten zu wecken. Je nach Absprache unterliegt er der Schweigepflicht, wenn es um Persönliches geht.

Gerade in der äußeren »Machtlosigkeit« des Coachs liegt die große Chance, durch Gruppencoaching verharschte Strukturen, überkommene Traditionen, starre, uneffektive und lieblose Denk- und Verhaltensmuster in Gruppen aufzubrechen. Der Coach arbeitet nicht mit Macht und Androhung von Gewalt, Liebesentzug oder moralischem Druck. Er kauft auch niemanden durch besondere Zuwendungen oder Geschenke. Allein die Hoffnung auf positive Veränderungen und die Bestätigung durch gute Erfahrungen bewirken nachhaltige Veränderungen innerhalb einer Gruppe und in den Beziehungen zu anderen Gruppen und Instanzen wie z.B. der Gemeindeleitung.

Das Coaching einer Gruppe ist mehr als eine Reihe von Seminaren und Trainings; es beinhaltet viele Elemente von Fortbildungsmaßnahmen und Supervision.

Beim Gruppencoaching werden den Teilnehmern nicht zuerst neue Inhalte vermittelt und es soll kein neues Programm durchgearbeitet und gelernt werden. Gruppencoaching geht immer zuallererst von den Bedürfnissen und Fragen der Gruppenmitglieder und vom Gruppenauftrag aus. Es ist keine exklusive, einmalige Veranstaltung, sondern ein Prozess mit folgenden **Zielen**:

- ➔ mehr Kompetenz bei der Gruppe, Probleme intern zu lösen
- ➔ bessere Kommunikation und Zusammenarbeit
- ➔ bessere Erfüllung des Gruppenauftrags
- ➔ höhere Zufriedenheit bei den Gruppenmitgliedern und dem Auftraggeber.

Ablauf für ein Gruppencoaching

Mitglieder einer Gruppe in der Gemeinde sind unzufrieden, sie kommen mit ihrer Arbeit nicht voran. Die Gründe können vielfältig sein:

- Die Kommunikation ist massiv gestört.
- Die Gruppe kommt mit der Leitung nicht klar.
- Die Gruppe fühlt sich durch das Mittragen einiger schwieriger Mitglieder stark überfordert.
- Die Gruppe kann wichtige Entscheidungen nicht herbeiführen.
- Die Gruppe kann wichtige Beschlüsse nicht umsetzen.
- Aus eigener Kraft schafft die Gruppe keine befriedigende Lösung der Probleme.

Bevor sich die Gruppe wegen unüberbrückbarer Schwierigkeiten auflöst, will sie es mit einem Coaching versuchen. Ein in Fragen der Kommunikation und Gruppendynamik erfahrener und in der Sache kompetenter Berater wird eingeladen.

Die Vorgehensweise des Beraters ist ähnlich wie beim Einzelcoaching:

1. Phase: Einstieg

- Ziel, Auftrag und Bedingungen des Coachings werden abgeklärt.
- Der Coach lernt die Gruppe kennen:
    - Struktur, Machtverteilung, Hackordnung;
    - Umfeld, Auftrag und Arbeitsweise der Gruppe;
    - Normen und Werte.
- Wie läuft die Kommunikation?
- Wie kommen Entscheidungen zustande?
- Was sind die Probleme?
- Wer hat die Probleme?

- Wer hält die Probleme fest?

- Warum konnte bisher keine Lösung gefunden werden?

- Liegen die Probleme mehr im zwischenmenschlichen oder im systemischen Bereich?

Der Berater führt Gespräche mit der Gruppe, mit einzelnen Mitgliedern, der Gruppen- und der Gemeindeleitung. Er hospitiert und beobachtet und führt mündliche und schriftliche Befragungen durch.

2. Phase: Probleme bearbeiten

Der Coach

- konfrontiert die Gruppe mit seinen Beobachtungen und Informationen;

- stellt Thesen zur Diskussion;

- gibt Feedback;

- initiiert Lernprozesse;

- zeigt Fehlentwicklungen auf;

- verstärkt positive Tendenzen;

- macht Mut für neue Wege;

- erinnert die Gruppenmitglieder an:
  - den Auftrag der Gruppe: Gemeindebau,
  - den Auftraggeber: Jesus,
  - das spezielle Ziel der Gruppe.

3. Phase: Ende

- Erarbeitete Strategien umsetzen;

- Veränderungen einüben und sichern;

- Kontrollmechanismen entwickeln und Zwischenstopps zur Gruppenzielkontrolle planen.

Kommt die Gruppe wieder allein zurecht, zieht sich der Coach zurück. Wenn die Gruppe aber für die geplanten Zwischenstopps einen Moderator haben will, kann sie den Coach dazu einladen.

Der Coach als Prozessbegleiter

In Firmen werden bei größeren Veränderungen, z.B. bei der Umstellung auf Teamarbeit, immer öfter Prozessbegleiter eingesetzt. Die Erfahrung hat gezeigt: Veränderungen sind nicht einfach per Anordnung von oben umzusetzen, denn Neuerungen bewirken Unsicherheit und lösen Ängste und damit Widerstände bei den Betroffenen aus. In der Gemeinde ist das nicht anders. Auch hier können Gruppencoachs und Projektbegleiter gute Dienste leisten:

- Sie vermitteln bei Konflikten und fördern die Kooperation zwischen verschiedenen Gruppen, die in einer Gemeinde oder mit mehreren Gemeinden zusammen an einem großen Projekt arbeiten.

- Sie unterstützen Hauskreise in der Zusammenarbeit mit anderen Gruppen.

- Sie helfen mit, die Koordination zwischen Arbeitszweigen in der Gemeinde aufrechtzuerhalten und zu verbessern.

Der Prozessbegleiter

- ist Ansprechpartner für alle am Projekt beteiligten Personen;

- ist Botschafter, Vermittler, sozialer Helfer;

- sorgt für einen möglichst störungsfreien Informationsfluss;

- ● moderiert runde Tische und Gruppenkonferenzen;
- ● gibt Feedback;
- ● zeigt den Stand des Veränderungsprozesses auf;
- ● weist auf Fehlentwicklungen hin, unterstützt positive Entwicklungen;
- ● führt Gespräche mit Einzelpersonen und mit einzelnen Gruppen;
- ● ermutigt die Zögerlichen und Zweifler, sich zu engagieren;
- ● erinnert die Hauptverantwortlichen, die Mitarbeiter in die Entscheidungsprozesse mit einzubeziehen;
- ● schafft ein Klima für eine offene Kommunikation und gute Zusammenarbeit der Gruppen untereinander und der Hauptverantwortlichen;
- ● übernimmt selbst keine einzelne Aufgabe oder bestimmte Verantwortung;
- ● hat nur beratende Funktion;
- ● hat keine Machtbefugnisse;
- ● ist kein Kontrolleur.

Seine **Hauptaufgaben** sind:

- ● die Förderung der Kommunikation und Kooperation bestimmter Gruppen untereinander und mit der Gesamtleitung;
- ● die Befähigung der Gruppen und ihrer Mitglieder, ihre Störungen, Konflikte, Fehlentwicklungen im Anfangsstadium zu erkennen und entsprechend zu bearbeiten;
- ● das Wahrnehmen positiver Entwicklungen und Chancen und deren Ausbau;
- ● die Nutzung der Effekte einer guten Zusammenarbeit;

- das Erkennen der Stärken und Fähigkeiten von Mitarbeitern und Arbeitsgruppen, um sie zu fördern und an optimaler Stelle einzusetzen;

- das Transparentmachen von Entscheidungsprozessen und Arbeitsabläufen für alle Gruppenmitglieder.

10. Coaching als Angebot in der Gemeinde

Wie bei jeder Neuerung ist auch bei der Einführung von Coaching in der Gemeinde mit Vorbehalten zu rechnen. Da Ansätze von Coaching unter anderer Bezeichnung vermutlich bereits in der Gemeinde praktiziert werden und da es außerdem ein **uraltes biblisches Prinzip** darstellt, ist bei behutsamem Vorgehen kein erheblicher Widerstand im Grundsatz zu erwarten. Über die Notwendigkeit einer Coachingbewegung in der Gemeinde und den Umfang des Einsatzes von Mitarbeitern werden die Meinungen allerdings geteilt sein.

Mögliche Fragen sind:

- Muss das auch noch sein? Woher die Mitarbeiter nehmen?
- Inwieweit reicht das bisherige Angebot an Seelsorge aus?
- Was bietet Coaching mehr?
- Wie viel Kapazitäten an Zeit, Kraft, Mitarbeitern und Geld für Schulungen wollen wir einsetzen?

Eine Gemeindeleitung, die in ihrer Gemeinde eine Coachingbewegung initiieren möchte, ordnet das nicht per Beschluss von oben an: »Jeder Mitarbeiter suche sich im nächsten halben Jahr einen Coach!« Das kann so nicht funktionieren. Die Mitarbeiter und Gemeindeglieder müssen für die Idee des Coachings auf breiter Ebene erst gewonnen werden. Die Vorteile, Probleme, Grenzen und Möglichkeiten von Coaching werden zunächst benannt und offen in allen Arbeitskreisen besprochen und als ein Ziel in die Vision der Gemeinde aufgenommen.

Die Möglichkeiten für eine Coachingbewegung in der Gemeinde sind sehr vielfältig und in den einzelnen Gemeinden sehr unterschiedlich.

Als Ausgangsbasis für die Coachingbewegung in der Gemeinde wird zunächst ein **Arbeitskreis mit den Mitarbeitern** gebildet, die bereits als Berater und Seelsorger in irgendeiner Form in Anspruch genommen werden. Zu diesem Kreis können dann Männer und Frauen mit entsprechenden Fähigkeiten und Interessen als potentielle Coachs eingeladen werden. **Mit Schulungen und Trainings** bereiten sie sich auf ihre Aufgabe als Coach vor und entwickeln ein für ihre Gemeinde passendes Konzept.

Nach einer gewissen Zeit steht der Gemeinde dann ein **Pool von Coachs** zur Verfügung. Je nach Fragestellung, Problemfeld oder Arbeitsbereich werden nach einem vereinbarten Modus entsprechende Coachs ausgewählt.

Jeder Coach bildet seinerseits mindestens einen weiteren Coach aus.

Wenn er will und die Kräfte und die Zeit es zulassen, kann ein Coach zwischen 2 und 5 Coachees übernehmen.

In bestimmten Abständen, z.B. alle sechs Wochen, treffen sich die Coachs als **Selbstausbildungsgruppe** zum Erfahrungsaustausch, zur Weiterbildung und zum Training in Gesprächsführung, Beratung, Seelsorge und zu gegenseitiger Gebetsunterstützung. Von Zeit zu Zeit (z.B. bei jedem dritten Treffen) werden auch die Coachees mit eingeladen. So lernen alle voneinander, welche Themen sie wie bearbeiten und wie Verbesserungen umgesetzt werden können.

Das Angebot des Coachings

Das Angebot des Coachings richtet sich grundsätzlich an alle Mitglieder und Freunde der Gemeinde.

> ● Besonders **jedem Leiter und Mitarbeiter** wird Coaching als Begleitung angeboten bzw. nahe gelegt und

- Menschen, die ihr Christsein bewusst leben wollen und eine ganzheitliche **seelsorgerliche Begleitung** wünschen sowie

- Menschen, die sich in einer **schwierigen Lebenslage** befinden und/oder besonderen Herausforderungen gegenüberstehen.

Hier einige **Beispiele**:

- Lebensplanung

- Berufsfindung

- Sinnfragen, Selbstklärung

- Prüfung

- Partnersuche oder Beziehungsprobleme

- Ehekrise, familiäre Probleme

- Eltern mit Problemkind, Kind in der Pubertät

- Tod eines Ehepartners, eines Elternteils oder eines Kindes

- Scheidung

- Lebenskrise durch lange oder unheilbare Krankheit, Arbeitsunfähigkeit, Arbeitslosigkeit, Wechsel in den Ruhestand oder durch Verschuldung

- Stress am Arbeitsplatz, Mobbing

- allein erziehende Mütter und Väter

- Begleitung seelisch Kranker oder Lebensuntüchtiger, Strafgefangener und Strafentlassener

- Anfänger im Glauben, Taufkandidaten.

Vorschlag: Zur Hochzeit schenkt die Gemeinde 1 Jahr Ehe-Coaching!!

Das Angebot von Gruppencoaching und Prozessbegleitung

Arbeitszweigen der Gemeinde, die aus mehreren Teams oder Gruppen bestehen (z. B. aus Hauskreisen, Kindergottesdienstgruppen ...), wird ein Gruppencoach zur Seite gestellt.

Für die Durchführung großer Projekte wird ein Prozessbegleiter benannt, z.B.: Großveranstaltungen, Baumaßnahmen mit viel Eigenleistung der Mitglieder, Einführung von Neuerungen.

Hans Hartmut Schmidt

Gruppenleitung

Einfühlsam und zielgerichtet leiten

96 Seiten, kartoniert, Format 10,5 x 16,5 cm, Bestell-Nr. 627 431

Dieser Pocket-Guide zeigt Ihnen kurz und übersichtlich, wie Sie Gruppen leiten können!

Wie Sie nicht nur sachlich, sondern mit Kopf und Bauch leiten. – Wie Sie der Gruppe helfen, Konflikte konstruktiv zu bearbeiten. – Wie Sie hilfreiches Feedback geben und bekommen. – Wie Sie Gruppenteilnehmer noch besser miteinander ins Gespräch bringen.

ONCKEN VERLAG WUPPERTAL UND KASSEL

Klaus Douglass

Motivieren

Sich selbst und andere begeistern

96 Seiten, kartoniert, Format 10,5 x 16,5 cm, Bestell-Nr. 627 432

Dieser Pocket-Guide zeigt Ihnen, wie Sie sich selbst und Ihre Gemeinde für wichtige Ziele begeistern können!

Wie Sie sich selbst motivieren. – Wie Sie für sich sorgen und sich auf Ihre Stärken konzentrieren. – Wie Sie andere motivieren. – Wie Sie Menschen aufbauen. – Welche Grundregeln der Motivation Ihnen zu positivem Handeln verhelfen.

ONCKEN VERLAG WUPPERTAL UND KASSEL

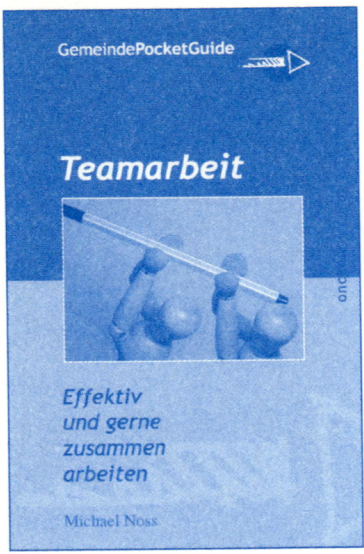

Michael Noss

Teamarbeit

Effektiv und gerne zusammen arbeiten

96 Seiten, kartoniert, Format 10,5 x 16,5 cm, Bestell-Nr. 627 430

Dieser Pocket-Guide zeigt Ihnen, wie Sie mit Ihren Mitarbeitern zu einem wirklich starken Team werden können!

Wie Sie ein gutes Team bilden. – Wie Sie ein guter Teamleiter werden. – Wie Sie das Team in Bewegung setzen. – Warum Ziele wichtig sind und wie Sie sie finden. – Wie Sie die Kommunikation im Team verbessern.

ONCKEN VERLAG WUPPERTAL UND KASSEL